L&PM POCKET ENCYCLOPAEDIA

Economia: 100 palavras-chave

Série **L&PM**POCKET**ENCYCLOPÆDIA**

Budismo – Claude B. Levenson
Cabala – Roland Goetschel
Capitalismo – Claude Jessua
Cleópatra – Christian-Georges Schwentzel
A crise de 1929 – Bernard Gazier
Cruzadas – Cécile Morrisson
Economia: 100 palavras-chave – Jean-Paul Betbèze
Geração Beat – Claudio Willer
Império Romano – Patrick Le Roux
Marxismo – Henri Lefebvre
Mitologia grega – Pierre Grimal
Revolução francesa – Frédéric Bluche, Stéphane Rials e Jean Tulard
Santos Dumont – Alcy Cheuiche
Sigmund Freud – Edson Sousa e Paulo Endo

Próximos lançamentos:

Egito Antigo – Sophie Desplancques
Escrita chinesa – Viviane Alleton
Existencialismo – Jacques Colette
História de Paris – Yvan Combeau
História do vinho – Jean-François Gautier
Islã – Paul Balta
Tragédias gregas – Pascal Thiercy

Jean-Paul Betbèze

Economia:
100 palavras-chave

Tradução de REJANE JANOWITZER

www.lpm.com.br

Coleção **L&PM** Pocket, vol. 783

Jean-Paul Betbèze é encarregado da direção de Estudos Econômicos e economista-chefe de um grande banco francês e internacional. É também membro do conselho de análise econômica que assessora o primeiro-ministro, presidente da Comissão de Questões Econômicas e Financeiras da UNICE (Union des Industries de la Communauté Européenne) e da Sociedade de Economia Política, membro do Círculo de Economistas e da ICCBE (International Conference of Commercial Bank Economists).

Texto atualizado conforme a nova ortografia.

Título original: *Les 100 mots de l'économie*

Primeira edição na Coleção **L&PM** POCKET: junho de 2009

Capa: Ivan Pinheiro Machado. *Foto*: Martin Parr/Magnum Photos
Tradução: Rejane Janowitzer
Preparação de original: Bianca Pasqualini
Revisão: Lia Cremonese

CIP-Brasil. Catalogação-na-Fonte
Sindicato Nacional dos Editores de Livros, RJ

B466e

Betbèze, Jean-Paul, 1949-
  Economia: 100 palavras-chave / Jean-Paul Betbèze; tradução de Rejane Janowitzer. – Porto Alegre, RS: L&PM, 2009.
  128p. – (Coleção L&PM Pocket; v. 783)

  Apêndice
  Título original: *Les 100 mots de l'économie*
  ISBN 978-85-254-1829-6

  1. Economia - Terminologia. I. Título. II. Série.

09-1837.   CDD: 330
                                       CDU: 330

© Presses Universitaires de France, *Les 100 mots de l'économie*

Todos os direitos desta edição reservados a L&PM Editores
Rua Comendador Coruja 314, loja 9 – Floresta – 90220-180
Porto Alegre – RS – Brasil / Fone: 51.3225.5777 – Fax: 51.3221-5380

Pedidos & Depto. comercial: vendas@lpm.com.br
Fale conosco: info@lpm.com.br
www.lpm.com.br

Impresso no Brasil
Inverno de 2009

Sumário

Introdução
Pode-se chegar a 100?..7

Capítulo I
Eu, minhas necessidades e a empresa 9

Capítulo II
Quando a empresa se encarrega da "minha"
   necessidade e também de outras empresas..................22

Capítulo III
Quando as finanças se encarregam da empresa 43

Capítulo IV
Quando as organizações e os poderes
   públicos se encarregam de todos..................................57

Capítulo V
Quando nossos guias estão distantes..................................82

Capítulo VI
Quando surgem nossas novas palavras 105

Conclusão
Se só houvesse três..116

Glossário 118

Introdução
Pode-se chegar a 100?

Pode-se compreender nosso mundo econômico em 100 palavras? Por que não, se apreendermos as que fazem as manchetes ou desencadeiam as crises, as que parecem decisivas? Por que não, se forem explicadas e relidas, sem jamais nos afastarmos do que se passa à nossa volta? De fato, estamos bem servidos: deslocalizações e desindustrializações, *peg* do yuan, deflação, *Return on Equity*, desemprego, *Rules versus Discretion*, armadilha da pobreza, Pacto de Estabilidade, Banco Central Europeu, crescimento, desigualdades, curva J..., rodopiam em torno de nós. Eis-nos cercados de palavras. Frequentemente novas, no mínimo renovadas, elas explicam nosso mundo. Frequentemente nos inquietam, uma vez que nos pedem cada vez mais que reajamos a elas. Como fazê-lo, se não as compreendemos? Se os especialistas estão confusos ou são parciais?

Por isso a ideia destas páginas. Elas se destinam a apresentar as 100 palavras que (em nossa opinião) devemos conhecer para viver um pouco melhor a "economia" no mundo atual, um mundo que muda muito depressa. Nele, todas as palavras têm pelo menos um sentido, ou seja, pelo menos um objetivo. As palavras inglesas ocupam um espaço crescente. E todas se organizam em função de lógicas provenientes das mudanças atuais e de relações de força. O mapa do vocabulário da economia é o dos novos poderes, das estratégias em curso, dos futuros que se forjam.

Para evitar um dicionário afastado do real, nos pareceu mais eficaz mostrar como funciona nossa economia a partir de um texto escrito em torno dessas 100 palavras. Um glossário, no final do texto, permite reencontrá-las, ligando-as a outras, mais específicas, e a nomes célebres. Pode-se ler o todo, escolher temas ou "ciscar"!

Capítulo I

Eu, minhas necessidades e a empresa

Em economia, tudo começa com Eu, com o que eu quero, mais exatamente com o que eu posso querer, em função das minhas possibilidades e das condições nas quais elas me são oferecidas.

1 – Necessidade

A necessidade é a sensação de falta que nos leva a consumir, portanto a trabalhar, portanto a correr riscos. Tudo parte dela. A necessidade é o que nos põe em movimento.[1] De fato, a necessidade nos leva a agir, a buscar os meios para satisfazê-la, através da labuta, do trabalho, do investimento, do risco. A necessidade pode ser real (comer, beber ou dormir) ou abstrata (ouvir música, ver o último filme). Mas a necessidade supõe sempre recursos financeiros para conseguir o bem procurado e também outros para poder oferecê-lo.

É inútil afirmar que as necessidades podem ser fundamentais ou secundárias, superficiais ou criadas, uma vez que cada uma corresponde a uma falta. E a pessoa que a experimenta não vê razão para que outra pessoa estabeleça prioridades em seu lugar. O universo das necessidades é o das lacunas, desejos, pulsões, como se quiser chamar. É histórico e social, uma vez que, além dos rendimentos, as demandas dependem simultaneamente das tecnologias (o micro-ondas ou o DVD), das condições de trabalho (ligadas à urbanização), das estruturas sociais (desde as famílias desfeitas até os solteiros das grandes cidades) e de um conjunto de representações (status social, estatuto local, aspirações). Esse

---

[1]. Em francês, *besoin* quer dizer *necessidade*, e *besogne*, de mesma origem etimológica, quer dizer *ocupação, tarefa*. L. Clédat, *Dictionnaire étymologique de la langue française*. (N.T.)

universo está em expansão, com o nível de vida, as inovações tecnológicas e o progresso dos serviços. Também se torna permanentemente mais complexo, sobretudo sob o efeito das regras que modulam a produção e a troca (rastreabilidade dos produtos, políticas de crescimento duradouro, responsabilidade dos produtores e dos distribuidores etc.).

2 – Amor

É sobretudo o amor por si mesmo, não tanto o amor pelo outro, que leva o empreendedor a oferecer produtos ao cliente. Ele satisfaz as necessidades que o outro manifesta e, desse modo, ganha dinheiro. Mas trata-se, no caso, de necessidades solvíveis pelo lado do cliente – condição necessária –, e rentáveis pelo lado do empreendedor – condição suficiente. Isso não é uma crítica ao capitalismo, mas uma simples verdade. É até mesmo a base de seu bom funcionamento, para Adam Smith. Com efeito, para retomar seu célebre exemplo, se o vendedor de cerveja ama a si mesmo, vai querer oferecer uma cerveja com boa relação qualidade/preço a seu cliente. É assim que prosperará. Simples demais, talvez, mas não errado.

De fato, o capitalismo não vive a oposição entre oferta e procura como um antagonismo. É, ao contrário, a base de uma solução – constantemente buscada e encontrada – entre o comportamento da oferta, que leva o empreendedor a vender mais caro, e o da demanda, que conduz o consumidor a olhar os preços com atenção. Cada um fará uma parte do caminho, procurando melhor quem quer o quê: os provimentos (em bens e serviços), e por quanto: o preço.

3 – Informação

A informação diz respeito ao que o cliente quer ou faz, ao que o concorrente faz ou quer. Nem um nem o outro a dão facilmente. A procura da informação está, pois, no cerne do mecanismo de compra-venda: o demandante não explicita espontaneamente sua propensão a pagar um determinado preço, nem o vendedor sua propensão a vender a um outro qualquer. O primeiro não indica necessariamente o que está procurando, nem o segundo tudo que pode oferecer. O processo de compra-venda é, pois, um jogo de revelações sucessivas. É uma sondagem, na qual não se trata apenas de dizer o que se está disposto a comprar ou vender por um outro preço, mas também os complementos que se está disposto a acolher de um lado ou a propor, de outro.

Assim, a assimetria da informação está no cerne da relação econômica. Nenhum dos protagonistas sabe (exatamente) o que o outro pode fazer, mas cada um sabe (ou aproximadamente sabe) o que deseja e pode financiar. A tese do amor – ou, mais prosaicamente, do "*doux commerce*"[2] (Montesquieu) – permite a troca, ao lhe dar uma base mínima: o preço. É ele que melhor sintetiza as informações disponíveis e dá o fundamento do sistema de mercado, o capitalismo.

4 – Empresa

A empresa é o organismo que lida, por decisão e ação, com as informações provenientes dos compradores efetivos e potenciais. Esta ação é a produção de bens e serviços destinados à venda. Mais precisamente, como um bem ou um serviço nunca se definem por uma só característica, trata-se mais precisamente de um conjunto de provimentos destinados a serem reunidos e depois vendidos.

A empresa vai administrar cada vez melhor as informações sobre o que o demandante deseja para os produtos que compra. Ela examina também os provimentos que ele julga inúteis, e mais ainda os que lhe fazem falta. A busca de informações pela empresa é, pois, o estudo do que é ofertado e demandado, do que é ofertado sem ser verdadeiramente demandado e, por fim, do que não é suficientemente ofertado.

---

2. Literalmente, *suave comércio*. Montesquieu cunhou esta expressão em *O espírito das leis* (1748). O filósofo acreditava que um comércio sem coações e opressões civilizaria os homens e proporcionaria condições para uma convivência mais harmônica. (N.E.)

Um jogo entre amor e necessidade, de alguma maneira. Por exemplo, um automóvel oferece um conjunto de provimentos (velocidade, segurança, consumo, espaço), além de uma série de outros mais ou menos opcionais. Trata-se, evidentemente, de vender mais e, mais ainda, de conhecer anseios, de explorar possibilidades. Uma parte dos opcionais de hoje será o equipamento de base de amanhã.

A partir desse procedimento analítico, a empresa vai funcionar, mudar, se estender. Ela possui recursos humanos, técnicos, financeiros e informáticos para conhecer o mapa das necessidades que o preço, sozinho, nunca basta para desenhar. Para delimitar sua organização, ela avalia o quanto lhe custa fazer sozinha ou mandar fazer por terceiros. Cada empresa se define então pela análise de seus custos internos, que compara aos preços, externos, que vêm dos mercados. Eles informam o custo de oportunidade entre o que ela faz ou manda fazer: e assim ela constrói suas fronteiras, sempre mutantes.

5 – Direitos de propriedade

A empresa é privada se os direitos de propriedade pertencem majoritariamente a indivíduos ou a outras sociedades privadas. Ela é pública quando é essencialmente propriedade do Estado. Claro, os objetivos das empresas privadas variam. Mas todas se ocupam ativamente com sua perenidade, o que significa manter um certo lucro. Para a empresa pública, os objetivos são definidos a partir do programa determinado pelo poder público, encarnando a vontade popular.

Entre essas formas muito específicas, intervêm empreendimentos mutualistas ou cooperativistas (agricultura e indústrias agroalimentares, crédito, seguro... em que o objetivo de rentabilidade combina-se com os valores mutualistas de proximidade e de solidariedade), ou ainda associativas (clubes esportivos, defesa de interesses específicos). Essas empresas, por terem estruturas de custos controladas e um objetivo de rentabilidade mais fraco, se permitem oferecer provisões a uma parte da comunidade que de outra maneira não teriam acesso a elas.

6 – Consumidor intermediário e consumidor final

O "consumidor final" fecha a cadeia dos consumidores intermediários. Ele "consome" – etimologicamente, "destrói" – o conjunto dos provimentos que lhe são propostos. Quando uma empresa oferece um bem, deve convencer o atacadista a comprá-lo. Então ela lhe diz que é do interesse dele fazê-lo, pois o varejista vai querer o produto pela simples razão de que o cliente final vai procurar por ele! É uma cadeia de desejos que constrói o ato da compra e que dá ensejo a uma série de compras-vendas entre diversos consumidores intermediários, até o consumidor final. É preciso que cada consumidor ganhe dinheiro. Os provimentos que possibilitam a troca final são, pois, os que fazem a sucessão de trocas. Para vender, é preciso agradar quem está no final da cadeia e também cada um dos elos.

7 – Capital

O capital é o dinheiro que o empresário junta para dar início à sua operação. A história de qualquer empresa começa com recursos monetários. Esse dinheiro é em seguida mobilizado para satisfazer as necessidades solvíveis e rentáveis e para estendê-las, por meio de instrumentos de informação e de uma série de decisões. É o que se chama de "empreender".

O capital representa a base de partida da empresa. Transformado em ativos não monetários, para contratar pessoas, comprar, vender, ele é o fundamento da firma e a fonte dos direitos de propriedade. Ser capitalista é empregar um capital que se pretende fazer frutificar. Empregar, pois as escolhas a serem feitas é que vão transformar o aporte monetário em bens e serviços, em contratos diversos: contratações de pessoal, locações, compras, seguros... Significa, por isso mesmo, renunciar, à liquidez imediata, na esperança de vê-la aumentada em seguida, para acumular lucros. Mas isso só acontece uma vez completada a cadeia das compras e vendas, com os riscos de cada etapa.

8 – Risco

O risco surge a partir dos comportamentos imprevisíveis dos diferentes atores e dos limites dos sistemas de informação que os unem, aos quais se acrescentam as incógnitas. Por exemplo, se uma empresa decide utilizar seu capital para aumentar a produção por conta de suas vendas, ela pode não procurar saber, não saber ou não notar que um concorrente, por conta de informações parecidas, vai oferecer mais, melhor, mais barato e mais original, ou, ainda, que um recém-chegado vai entrar no mercado. Isso pode abalar a equação econômica da produção, tanto para a empresa quanto para o mercado. O risco advém, inicialmente, do que se ignora.

Por outro lado, se uma empresa analisa um mercado, por exemplo, o de fornos de cozinha, ela pode não perceber que se trata de um mercado cujo objetivo cada vez menos é cozinhar os alimentos, mas sim prepará-los rapidamente. Assim, o mercado de fornos concorre cada vez mais com o de micro-ondas. Para de fato prosperar, o melhor é oferecer um produto cujas características sobrepujem as do concorrente. E, assim, o cassete desaparece diante do DVD. O celular se torna um carnívoro que come as funções do despertador, da máquina fotográfica, do relógio, enquanto espera para servir para pagar o pão ou o jornal. E o forno também vira micro-ondas!

Em terceiro lugar, a eficácia das funções da empresa nunca é a mesma em todos os níveis. Algumas empresas se organizam melhor do que outras e são mais bem-sucedidas. O risco mede, pois, a capacidade relativa de fazer, de vender e de "vender" a ideia aos clientes e aos financiadores. Vão existir, pois, vitórias de um dia e depois conquistas em série, mas nada será sempre automático. As histórias de sucesso podem ser interrompidas, e (felizmente) as descidas ao inferno podem ser contidas.

9 – Contratar pessoas

Contratar é recorrer aos serviços de assalariados para produzir, vender, analisar, comunicar, transportar e assim por diante. É saber detectar e mobilizar suas competências. Cada um desses empregados traz seu trabalho e sua engenhosidade para a empresa. Na prática, eles aceitam obedecer por um tempo determinado às demandas de sua hierarquia, como contrapartida a uma remuneração. O contrato de trabalho é um contrato de meios, não de resultados. Quando o assalariado o assina, está trocando seu "tempo" por dinheiro. E quando a empresa dirige seu pessoal, está transformando os "tempos" dos assalariados em provimentos rentáveis, oferecidos no mercado.

A contratação é o encontro entre uma pessoa que precisa contratar e uma outra que quer se empregar. Para que isso ocorra, é preciso que a "separação" – a assimetria da informação, na língua dos economistas – seja reduzida ao máximo entre o empregador potencial e o candidato. Quem é ele? Qual é sua formação, sua experiência profissional, suas motivações? O que ele sabe, o que pode e, sobretudo, o que quer fazer? Mediante quais remunerações (salário e prêmios)? O exame do CV (*curriculum vitae*) é a base do trabalho de informação a ser executado, além dos salários e dos bônus pedidos. Tais indicações revelam o que o candidato julga ser capaz de trazer para a empresa. Cabe a ela julgar. Talvez o candidato esteja desempregado. Por quê, há quanto tempo, que tentativas e pesquisas ele fez? Com que sucesso?

Contratar é um risco. Se o salário pedido pelo candidato é baixo demais, talvez haja lacunas, revele "vícios escondidos". Se é alto demais, talvez anuncie performances notáveis, promessas fantásticas, a menos que se trate de fanfarrice! O preço – em espécie, o salário – não diz tudo.

É uma informação a ser comparada com outras, por isso a importância do período de experiência para melhor conhecer o candidato. O risco é maior ainda pelo fato de, em caso de erro, ser necessário dispensar o assalariado e incorrer em todos os custos associados à dispensa. E o assalariado, uma vez empregado, pode também se decepcionar, não gostar ou então não se integrar na equipe e, portanto, ir embora. É bem provável que a decisão mais complexa da empresa seja a contratação. Ela se inscreve em uma trajetória, em um contrato implícito.

Para que a contratação seja um sucesso, é preciso que se estabeleça uma situação vantajosa para as duas partes. É preciso que o salário possa crescer em função dos resultados obtidos e das responsabilidades assumidas. É preciso que a empresa consiga motivar os funcionários, para aumentar "a boa produtividade", a que os faz produzir mais com menos tensões, panes ou stress. O salário mínimo (na França, o SMIC, salário mínimo interprofissional de crescimento) é, pois, a remuneração do assalariado com as mais baixas qualificações. O empregado compreende que é ameaçado pela concorrência, e a empresa deve compreender que é de seu próprio interesse formá-lo melhor e, portanto, aumentar sua remuneração em função da carreira no cargo específico. Dize-me como contratas e eu te direi quem és.

10 – Investir

Investir é transformar capital monetário em capital real, material ou imaterial. Tradicionalmente, é uma máquina que é comprada. O investimento é, pois, industrial, com seus custos e seus riscos.

Levam-se em conta primeiro os custos, uma vez que a questão é assegurar-se de que a compra é necessária, que não se pode utilizar melhor o equipamento existente ou recorrer à subcontratação. Pode parecer estranho perguntarmos se as empresas investem com discernimento, de tão difundida é a ideia de que o investimento é a base de sua eficiência e competitividade e de que elas não investem o suficiente. Mas é preciso saber que existe frequentemente um *lobby* investidor. Em geral é formado por engenheiros e técnicos. Eles têm tendência a pedir o que há de mais moderno, por exemplo, em equipamentos de informática, sem se assegurar suficientemente de sua confiabilidade, de sua compatibilidade com os outros equipamentos, nem dos treinamentos necessários, para não dizer de sua necessidade.

Os riscos são levantados em seguida, pois investir supõe que se saiba como vai evoluir a demanda a médio prazo. Será que ela vai crescer, estagnar, diminuir, oscilar? O perigo é enganar-se sobre o futuro da demanda, portanto sobre as qualidades do equipamento. Caso se acredite que a demanda vai estagnar, crescer pouco, ou diminuir, será o caso de um investimento em produtividade. O custo de produção por unidade produzida deve diminuir com regularidade. Se a estimativa é de que, ao contrário, a demanda cresça fortemente, é de um investimento em capacidade que se necessita. A empresa deve então comprar máquinas capazes de produzir mais, mais depressa, com menos interrupções e panes. E se a opinião é que a demanda vai flutuar, será necessário um investimento em flexibilidade, como as linhas de montagem de automóveis capazes de produzir, sem modificação, diversas variantes de um mesmo modelo ou então, depois de apenas poucas horas de adaptação, modelos diferentes. Não estamos mais falando do Ford T[3], que podia mudar, contanto que permanecesse T e preto!

11 – Imaterial

O investimento é cada vez menos uma questão de indústria, de máquinas, de equipamentos. Diz respeito cada vez mais a uma despesa imaterial que permite à empresa trabalhar. É, por exemplo, uma patente, ou seja, o direito de produzir alguma coisa que não foi descoberta na empresa,

---

3. O Ford T foi o primeiro automóvel produzido em série, apenas na cor preta, entre 1908 e 1927. (N.T.)

ou então uma licença, ou seja, a autorização para vender certos produtos de uma determinada marca (licença de distribuição).

Mas, mesmo que a empresa compre uma nova máquina, ela terá de treinar seus funcionários. Por exemplo, atualizar os computadores ou mudar os sistemas de contabilidade acarreta importantes despesas de pessoal. Estas são ainda mais arriscadas do que as despesas de um investimento físico: são irrecuperáveis em caso de fracasso, por serem invendáveis.

O custo imaterial deve, pois, ser amortizado em poucos empreendimentos, na esperança de que seu efeito seja residual, mas sem garantia nenhuma! Por exemplo, a publicidade de marca é feita para manter o capital de notoriedade da firma. Se a campanha for bem concebida, será consequentemente mais fácil lançar produtos a partir de uma base de aceitação *a priori* mais elevada.

Da mesma maneira, a contratação (ver item 9) é também um investimento. Uma regra prática, que combina custos de pesquisa e de formação com eventuais insucessos, indica que seu custo médio equivale a um ano de salário.

Enfim, a empresa é cercada de investimentos que não parecem ser investimentos, de todo um conjunto de procedimentos que devem ser estabelecidos, preparados, experimentados, os quais devem evoluir. Uma empresa bem organizada pensa na sua identidade visual, no papel de carta, na organização de suas reuniões e comitês, na circulação de suas mensagens. Tudo que se chama de "investimentos de forma", por darem forma... a tudo. Trata-se de uma espécie de seleção e sedimentação das boas práticas, com seu cortejo de relatórios, de normas e assim por diante. Todos esses trabalhos fazem a empresa funcionar regularmente no cotidiano e reduzem seu risco operacional. Eles criam essa instituição econômica que é a empresa, com sua história e sua cultura. Na realidade, é exatamente aí que reside sua mais importante imobilização. Muitas vezes decisiva, praticamente invendável, nunca é calculada como tal!

12 – Vender: do faturamento ao valor agregado

Vender é oferecer provimentos (bens e serviços) com a ideia de auferir uma renda monetária que ultrapasse as despesas realizadas. A venda corresponde a um faturamento, praticamente a um conjunto de faturas emitidas, sendo uma parte embolsada em uma determinada data e o restante a ser ressarcido. A longo prazo, o faturamento iguala, descontando o que não foi pago, os recebimentos.

Das vendas, do faturamento, é preciso subtrair as compras feitas de outras empresas, o que dá o valor agregado pela própria firma. No nível de uma economia, a soma dos valores agregados é o PIB (Produto Interno Bruto), que mede o crescimento. Da soma de valores agregados, se subtraem em seguida os salários (que remuneram os assalariados), as despesas financeiras (que remuneram os emprestadores), os impostos (para os serviços coletivos). Resta então o lucro.

13 – Lucro

O lucro é o restante e o que permite que a empresa prossiga. É o que resta depois que se embolsou o resultado das vendas e se desembolsou o pagamento dos encargos. Uma parte importante permanece na empresa para compensar o desgaste dos equipamentos: é a dotação para as amortizações. Outra parte se encontra sob forma de disponibilidades para o fechamento de contas da empresa, para pagar os dividendos. Estão ali para fidelizar os acionistas e enviar mensagens positivas aos mercados. Uma terceira parte é mantida como reserva e acrescentada às dotações para amortizações. Este lucro assim acumulado, dotações para amortizações + reservas, forma a poupança da empresa. Permite investir mais, ter mais estoques, contratar mais, fazer mais publicidade etc. É, ao mesmo tempo, a garantia oferecida aos agentes econômicos "caso aconteça algo", e também a determinação de continuar a ganhar dinheiro para remunerar os acionistas.

Assim, o lucro remunera escolhas, decisões e apostas caso se queira: o bom produto, o bom investimento, a boa contratação, a boa patente, a boa localização, a boa publicidade – de todo modo, escolhas melhores do que as dos concorrentes. E que melhoram ainda mais ao longo do tempo. Assim, indispensável para o prosseguimento da atividade da firma, o lucro se torna cada vez mais complexo para ser mantido, e mais ainda para ser aumentado, em um universo onde cada vez há mais concorrência.

Ao mesmo tempo, o lucro é sempre suspeito. Ele adquire, aos olhos de alguns, as formas de uma prestidigitação, de uma magia, de um roubo (Proudhon), de uma exploração (Marx), de uma alienação (Bourdieu). Nada impede que diatribes sejam lançadas sobre ele. Reconheçamos ao menos que esse famoso "roubo" não é uma missão fácil!

14 – Acionista

O acionista é o agente econômico que detém uma parte do capital da empresa. É o coproprietário. É ele que vai ser encontrado por trás da busca de rentabilidade da empresa. De fato, ele pretende obter mais capital do que emprestou. Mas por quê? Porque ele arriscou sua poupança, é claro, mas também porque essa exigência lhe permite ter certeza de que os gestores da empresa, os administradores, não vão ser negligentes com seu aporte (ver itens 35 e 44). De alguma maneira, pedir lucro permite obtê-lo!

Houve um tempo, há dois séculos, em que o capitalista era o empreendedor. Então, comprar títulos da empresa ou emprestar dinheiro a ela era emprestar ao empreendedor e à sua família. A família tinha uma grande parte de seus diversos capitais na empresa: o capital financeiro, uma vez que era proprietária dele, o "capital humano", uma vez que trabalhava lá, e o "capital social", uma vez que obtinha dela seu status e prestígio. Em tal contexto, a "assimetria de informação" entre o exterior e o interior da empresa – em outras palavras, o fato de não se saber do lado de fora o que se passava do lado de dentro – podia ser importante. O que faz, pois, a família, como decide o patriarca? Mas se dispunha também de muitas garantias sobre o bom resultado de suas escolhas: ela obtinha grandes vantagens se fosse bem-sucedida e corria terríveis perigos se fracassasse!

Atualmente, as famílias não possuem mais as empresas. São os quadros dirigentes que as administram. É o grande público que detém as ações, diretamente e, sobretudo, indiretamente, por intermédio dos fundos de ações, e mais ainda dos diversos investidores institucionais, companhias de seguro e fundos de pensão, principalmente.

Em um mundo onde a propriedade do capital está dispersa, em que o acionista se encontra praticamente em toda parte e frequentemente preso por um longo período a aplicações estáveis ou fundos de pensão, a preocupação com o lucro deve ser mais transparente e descomplicada do que no passado. O resultado obtido é um aspecto, mas a equação econômica e social de seu nascimento está em processo de mudança do começo ao fim. Doravante, é o lucro que assegura o bom funcionamento da sociedade salarial de uma geração à outra. É ele que permite a manutenção das valorizações das Bolsas ao longo do tempo, a distribuição de dividendos, mas sobretudo a atividade e o emprego. A sociedade assalariada é também uma sociedade acionária.

Capítulo II

Quando a empresa se encarrega da "minha" necessidade e também de outras empresas

Acabamos de ver por que a empresa deve se encarregar da "minha" necessidade: porque ela não pode agir de outra maneira! Mas esse objetivo não diz nada sobre o método empregado, nem sobre escolhas feitas, nem sobre o resultado. Não se trata mais de saber por que buscar o lucro, uma vez que a causa é compreendida, mas, sim, de saber como. O que não é simples.

15 – Estudo de mercado

Um estudo de mercado é o exame das modalidades de encontro entre a oferta e a procura de provimentos: quem vai querer o quê? A partir desse exame, será preciso decidir sobre os provimentos a oferecer ou a reduzir, como e a quem, em função de hipóteses a respeito dos comportamentos dos ofertantes e dos demandantes.

O ponto de partida é o estudo do mercado atual, ou seja, das necessidades tais como são conhecidas e satisfeitas. É sempre necessário procurar conhecer melhor o que o cliente deseja, dentro do espaço de objetivos e de suas restrições.

Para o consumidor, são a renda, a idade, a categoria socioprofissional, o tamanho da família, o local de moradia, o nível de educação, sem contar um conjunto de aspectos psicossociológicos de gostos, aspirações e sonhos. Mas essa pesquisa, em si complexa, jamais é isolada. Ela se desenvolve sempre em meio às ações dos concorrentes, em função das mensagens já recebidas, dos hábitos já adquiridos, dos lugares já ocupados e assim por diante...

Para conhecer o mercado, com todas essas alavancas que podem influenciá-lo, é preciso escolher. No estrito domínio econômico, correndo o risco de simplificar demais, são essencialmente o preço e a renda, ou seja, o poder de compra, eventualmente ampliado pelo crédito.

16 – As elasticidades-preço e renda

Para uma família, a sensibilidade (diz-se: elasticidade) de sua demanda ao preço[4] depende da evolução da demanda em função da evolução do preço. Dá-se o mesmo em relação à elasticidade-renda da demanda[5].

Mas há preços e preços. Se o índice de preços evolui mais devagar do que a renda, os consumidores ficam mais ricos. Vão, pois, poder gastar mais, para benefício dos bens e serviços tidos como de um nível superior.

Ocorre então uma hierarquia de bens. Por conta da difusão das inovações e da concorrência, os preços dos bens baixam. De luxuosos, inovadores ou pioneiros no começo, eles se difundem. Se o processo prossegue, tanto pelo aumento da renda real dos consumidores quanto pelos ganhos de produtividade, os que agradam mais se tornam mais acessíveis. De "exclusivíssimos", depois "para compradores pioneiros", tornam-se "exclusivos" e destinados a uma clientela abastada ou socialmente diferenciada. O processo continua. Faz com que o carro, a geladeira, a lavadora de roupas, a televisão em cores, e assim por diante, se tornem onipresentes, assim como o computador. Seus preços baixaram muito, o que aumentou igualmente seu mercado potencial, dado que aumentou a renda real de seus compradores.

Os produtos considerados de luxo ou exclusivos são elásticos ao preço e à renda. Uma alta de 1% nos seus preços

---

4. Elasticidade-preço da demanda: mede o quanto a quantidade demandada responde a uma mudança no preço. (N.E.)
5. Elasticidade-renda da demanda: mede o quanto a quantidade demandada de um bem reage a uma variação na renda do consumidor. (N.E.)

faz baixar significativamente a demanda.[6] Simetricamente, uma alta de 1% na renda dos consumidores provoca um aumento da demanda de mais de 1%. Apenas no caso dos bens exclusivíssimos, ou de característica ostentatória, o efeito do esnobismo faz aumentar a demanda quando sobe o preço. Eu compro porque sei que é caro!

Do outro lado do espectro, os produtos básicos são inelásticos ao preço. Uma alta de 1% nos seus preços faz baixar pouco a demanda, enquanto uma alta de 1% na renda das famílias praticamente não tem efeito sobre a demanda dirigida a eles. Apenas no caso dos bens essenciais a alta de preços faz subir a demanda. Assim, quando o preço da batata subia na paupérrima Irlanda do século XVIII, constatava-se um aumento na sua demanda. É que a batata substituía produtos que tinham se tornado ainda mais inacessíveis, como a carne.

Proporcionalmente, a partir de um certo patamar, supondo que nosso consumidor não poupe, sua nova renda vai para produtos novos. Estes são inelásticos aos preços e elásticos à renda. E o processo se põe em marcha. É o ciclo de vida do produto, do nascimento à banalização, antecâmara do desaparecimento.

Para uma empresa, observa-se a mesma lógica dessas elasticidades. Se o faturamento – ou, melhor dizendo, o valor agregado – sobe, ela é conduzida a investir, especificamente a realizar um investimento em capacidade. Já a alta dos preços dos produtos industriais comprados pela empresa a leva, ao contrário, a investimentos de produtividade, com o objetivo de economizar.

Claro, renda e preço não são os dois únicos determinantes das decisões de compra, mas são os mais facilmente apreensíveis. Para os economistas, mesmo que os aspectos sociológicos e psicológicos intervenham, tudo se passa como se o essencial das decisões estivesse ligado a evoluções de preço – a saber, quanto custa comprar – e de renda – a saber,

---

6. Pode até mesmo ocorrer o caso inverso, em que a alta do preço de um produto aumente sua demanda: estamos diante de um "efeito riqueza". (N.A.)

o que dá para comprar. Diminuições nos custos dos créditos para o consumidor ou para a empresa, campanhas de publicidade ou "promoções" são mais aceleradores do que desencadeadores. Não se compra porque o crédito está mais barato ou mais fácil. É o fato de ele estar mais barato ou mais fácil que possibilita a compra. Acrescente-se, pois, que nunca se deve esquecer o ambiente, o "clima" das empresas ou o "moral" dos consumidores. Nunca se compra sozinho.

17 – Concorrência

A concorrência é o sistema que nasce do confronto entre ofertantes e demandantes de provimentos em um mercado. Mais precisamente, trata-se de compreender as relações entre os ofertantes que se preparam, os demandantes que sonham e calculam e entre os ofertantes e os demandantes quando eles se encontram.

Para um determinado setor, ou seja, para um domínio que corresponda à maior parte do faturamento de um conjunto de empresas, como a construção civil e a indústria automobilística, a concorrência é conhecida em suas grandes linhas. Resulta de análises preparadas pelo governo ou encomendadas por sindicatos, ou ainda de trabalhos de consultores. Em suma, o estudo setorial de mercado corresponde a um saber compartilhado (*common knowledge*). É a visão da profissão sobre seus problemas e sobre seu futuro, o que não significa que seja exata! As ilusões coletivas costumam ser as mais graves.

Essa visão comum motiva as ações da concorrência. Se o futuro se anuncia brilhante, é hora de investir em capacidade. Se o futuro se delineia um pouco mais complicado, com o crescimento do setor seguindo o da economia em geral, a preocupação deverá ser a redução dos custos, a eficiência, a melhoria da produtividade. A batalha dos preços está aberta. Se o setor ainda está amadurecendo, é preciso oferecer preços ainda mais baixos se quiser permanecer vivo. E continuar inovando.

18 – Mais barato com mais produtos: as economias de escala (*economies of scale*)

Há economia de escala quando o custo médio de produção diminui à medida que o tamanho da produção aumenta. Se a empresa imagina uma perspectiva de crescimento mais forte diante de todos, precisa se preparar para responder à altura, e melhor do que as outras empresas. Os investimentos em capacidade que escolher lhe permitirão produzir mais com custos médios decrescentes. Seu tamanho aumentará.

Isso possibilita que certos departamentos das empresas se especializem e desenvolvam suas competências. É nesse caso que se insere a famosa fábrica de alfinetes de Adam Smith, onde a especialização permite a cada um ser mais eficiente, em benefício do conjunto. Mas ainda é preciso que o mercado de alfinetes se expanda, e que, consequentemente, seja racional criar um departamento de alfinetes. Se for esse o caso, haverá, conjuntamente, baixa de preços (portanto, aumento do mercado potencial) e melhoria da qualidade. As economias de escala são a base da eficiência econômica.

Porém, é preciso não esquecer que esse tipo de atividade deve ser gerido com cuidado, pois comporta riscos. Primeiro, as entidades de porte maior devem funcionar sem problemas. Caso contrário, a pane terá amplitude maior. Ou, ainda, movimentos sociais podem nascer em uma população mais concentrada e mais homogeneizada.

Mais grave: a empresa de grande porte pode virar empresa de porte excessivamente grande. Ela terá custos médios excessivamente elevados se o volume de vendas não conseguir, ou não conseguir mais, acompanhar. A economia de escala, que deveria baixar o custo médio de produção "à medida que a escala de produção aumentasse", se transforma no seu contrário: a deseconomia de escala. A partir de um certo nível de produção, disfunções internas (congestionamentos, tensões), comportamentos de concorrentes (que baixam mais depressa seus preços ou diferenciam seus produtos), até mesmo modificações de gosto, baixam a demanda dirigida à empresa. Seu custo médio de produção volta a subir. E se cada empresa expande sua produção, para fazer economias de escala, o risco de saturação se eleva, o que reforça ainda mais a probabilidade de uma guerra de preços. Diversas empresas ficam então em perigo de morte.

19 – Cada vez mais barato: o aprendizado (*learning by doing*)

Há economia de aprendizagem (learning by doing) *quando o custo médio de produção baixa em função do acúmulo, ao longo do tempo, do que foi produzido.* Nem todas as atividades das empresas dizem respeito à quantidade ou à produção de massa. Para produtos complexos, nos quais a quantidade e a segurança são essenciais, é preciso agir de tal maneira que grupos de funcionários prossigam seu trabalho em séries limitadas. A empresa de Adam Smith mudou. Ela não fabrica mais alfinetes, mas aviões, foguetes, sondas espaciais etc., o que é mais difícil. Sobretudo, as imperfeições não têm, nesse caso, as mesmas consequências.

Com isso, o fato de se retomar, de uma fabricação à seguinte, operações complexas, de se resolver as mesmas dificuldades ou dificuldades parecidas, cria hábitos, cria organizações mais seguras e mais eficientes com profissionais muito qualificados. Trabalhar junto suscita efeitos de aprendizagem e de cooperação que reduzem panes e dificuldades.

20 – Mais barato por ser feito pelos outros: a subcontratação (*outsourcing*)

A terceirização permite "encomendar" produtos e serviços em uma empresa não controlada pela firma. Essa unidade vai funcionar como uma oficina do tipo fábrica de alfinetes se a *expertise* técnica for fraca ou média, ou como uma oficina de tipo *learning by doing* se a tecnicidade for elevada.

Evidentemente, a terceirização não resolve todos os problemas. Primeiro é preciso ter certeza de que a qualidade da empresa contratada está à altura, caso contrário se corre o risco de ter de corrigir seus erros, assumir riscos, enfrentar clientes. É preciso ter certeza também de que a empresa contratada tem condição financeira que lhe permita funcionar, que suas margens lhe permitam produzir e, mais ainda, acompanhar os avanços tecnológicos da profissão. A expressão "terceirização" é enganosa, por causa da ideia de que se trataria de uma espécie de subprodução. Mas trata-se, na realidade, de uma coprodução. Um serviço contratado não pode ser fraquejante, sob o risco de botar o todo em dificuldade ou atrasá-lo e sob o risco também de reduzir a competitividade, abalar a imagem ou, pior ainda, a saúde da empresa que dá as ordens.

Assim, o conceito de terceirização está em plena evolução. As empresas que decidem partilhar uma parte de suas atividades entram em esquemas de parceria. Tais esquemas vão bem além das relações de compra-venda imediatas: elas têm um compromisso futuro. É preciso, pois, que a empresa que dá as ordens se assegure da continuidade das operações com sua parceira e de sua probidade (para que ela não a copie, não entre em contato diretamente com os clientes, não divulgue informações etc.). Ela deve prever também um lapso de tempo suficiente para que, depois do final do contrato de cooperação, a contratada não se transforme em concorrente.

Assim, vê-se crescer o setor de "serviços a empresas". Em inglês, é *b to b* (*business to business*). Ele reúne empresas (*b*) capazes de oferecer a outras serviços partilhados e adaptados, antes de chegar até o consumidor final (*c*). Passa-se assim de um modelo *b to* c (*business to customer*) a um modelo *b to b to c*.

21 – Mais barato por ser feito em outro local: a deslocalização

Deslocalizar é mudar de local de produção, na maioria das vezes de país, e doravante de continente. A partir de lógicas de reorganização, as empresas começam a mudar a implantação de toda ou parte de sua atividade. Sob a pressão da concorrência, com os progressos dos transportes, cujos preços baixam e a confiabilidade aumenta, com a "nova economia" e as novas possibilidades de fluxo de dados (*EDI – Electronic Data Interchange* – em inglês; IED – Intercâmbio Eletrônico de Dados –, em português) que ela abre, uma empresa pode realocar sua função de produção.

Antes ela era uma organização de homens e de máquinas que podia funcionar com mais facilidade em um mesmo local, ou ao menos em um mesmo país. Mas em um mundo onde o custo da hora de trabalho varia de 28 euros nos Estados Unidos a menos de 1 na China, passando por 26 na Alemanha, 25 na França, 4 na Bulgária e 2 na Romênia, com a quedas das barreiras alfandegárias, o jogo muda.

Numerosas empresas são descritas hoje como *fabless*, sem fábrica, sem instalação. Ela são um centro financeiro, estratégico e logístico, com um *hub* (uma conexão central) que pilota as cadeias de atividades, da concepção à venda. Claro, uma escolha dessas não acontece sem risco para a empresa, além dos problemas de emprego que cria no país. O que se manda fazer em outro lugar pode ter mais defeitos do que o que vem de regiões mais seguras. Mas pode-se argumentar que as novas tecnologias requerem menor envolvimento da mão-de-obra direta por causa do recurso a um número importante de "máquinas" e que a mão-de-obra local é estreitamente controlada. Sobretudo, o contexto do direito econômico e social não é o mesmo. Nesses lugares, o que dirão os juízes?

Eis por que as empresas procedem a verdadeiras estratégias de deslocalização/relocalização. Elas fazem "mudar de lugar" algumas de suas atividades, agindo de maneira que o avanço tecnológico permaneça no centro da empresa. Ao mesmo tempo, com bastante frequência, essa reorganização se faz acompanhar de alianças com um produtor local. Ele é encarregado de ajudar na implantação, de discutir com os centros de formação, com as autoridades, de encontrar vias de escoamento locais e de frustrar eventuais cópias. As empresas podem também comprar alguns de seus produtos de produtores locais.

À empresa que realizava grande parte de sua produção em um mesmo lugar sucede a que produz, subcontrata, deslocaliza para reexportar e vender, e que também faz negócios. Eis-nos em *b to b to b to c*! As margens de manobra dessa empresa aumentaram às custas de uma complexidade crescente. Mas, para ela, é uma questão de poder responder a mais pressões de concorrência, jurídicas ou ambientais para viver e se desenvolver.

22 – Mais barato por ser vendido junto: as economias de escopo

A economia de escopo decorre da venda conjunta de produtos diferentes em um mesmo ato comercial. Ao lado das economias que decorrem da produção (economias de escala, de aprendizagem, de subcontratação ou de deslocalização), a concorrência conduz ao desenvolvimento de outra lógica muito eficaz: a venda conjunta. Ela não acontece dentro da fábrica, mas no lugar ou no ato da venda.

Assim, em vez de vender aqui produtos de banco e em outro lugar de seguro, propõem-se em uma mesma operação produtos de banco *e* de seguro. Certos produtos de seguro reforçam produtos de banco (seguro de crédito, por exemplo), ou o inverso (seguro financiado). Todos se beneficiam do compartilhamento de uma base de dados mais rica. Esse entreposto de dados, *datawarehouse*, armazena as informações da empresa sobre as demandas de seus clientes. Ele analisa tais demandas, as cruza. As sazonalidades das compras e algumas lógicas mais finas de demanda podem ser conhecidas desse modo, assim como pode-se delimitar melhor as elasticidades-preço e renda (ver item 16).

O fato novo é que também assim podem ser identificadas verdadeiras sequências de consumo de produtos e de serviços. Comprar um carro significa frequentemente precisar de crédito, significa sempre precisar de seguro. E quando a empresa se endivida com um financiamento (exportação, expansão, pesquisa), há também fonte de risco. É, igualmente, o caso de propor cobri-la.

A venda conjunta de produtos e de serviços em *packages*, pacotes de provimentos, se diferencia das concorrências anteriores. Elas repousavam principalmente nos custos de produção e conduziam, no limite, a deslocalizações puras e simples. A vantagem da economia de escopo não decorre dos ganhos ligados à "deslocalização", mas, ao contrário, da proximidade do cliente. Ela insiste na rede de venda, nos canais de distribuição (agentes ou lojas, telefone, correio, e-mail...) e na base de dados que essa malha enriquece.

Com efeito, a assimetria da informação não é somente a proteção daquele que não quer falar tudo (por exemplo, de seus problemas de produção, de escoamento, de renda ou de dívidas). É também o caso daquele que não fala... porque o vendedor não lhe propõe ou não lhe pergunta.

Evidentemente, a economia de escopo não é sempre fácil de ser materializada, e ela não resolve tudo. A progressão das vendas ligadas supõe *expertises* conjuntas, e mais ainda compreensões mútuas entre ofícios que então se aproximam. O banqueiro-segurador deve compreender, sendo banqueiro, o que é necessário para o segurador. Paralelamente, sendo segurador, deve dominar o que faz o banqueiro. Caso contrário, ficarão expostos a insuficientes economias de escopo e, portanto, a custos pouco ou nada rentabilizados, ou, pior, a deseconomias de escopo. Ações de formação e softwares de apoio gerencial (sistema *expert*) são, pois, indispensáveis para poder fazer as perguntas corretas, verificar com precisão, realizar os procedimentos adequados.

23 – Mais barato porque mais e junto: as economias de aglomeração

As economias de aglomeração combinam economias de escala e de escopo: é preciso vender mais e conjuntamente.

As primeiras decorrem da produção; as segundas, da distribuição. Elas formam a base da expansão da empresa, e lhe permitem expandir-se e ganhar partes do mercado. Ela produz com menor custo e vende de maneira mais eficiente.

A economia de *aglomeração* resulta em organizações mais complexas. A teoria econômica fala então de eficiência x ou ineficiência x para descrever a maneira (melhor ou pior) como os membros da empresa vão se organizar. Não se pode ter tudo, saber tudo, prever tudo! É preciso, pois, sempre explicar, treinar, organizar... e rever! É preciso casar a flexibilidade e com a complexidade.

24 – Mais barato por ser vendido em rede: as economias de franquia

A franquia é a participação de um empreendedor independente em uma cadeia cuja oferta de provimentos é normatizada. Determinado investidor será hoteleiro, joalheiro ou vendedor de produtos para crianças... Ele aderirá a uma cadeia com uma rígida e precisa convenção estabelecendo seus direitos e deveres.

A participação em uma franquia permite, do lado do franqueador, amortizar em maior escala os investimentos de organização, notoriedade e layout que ele realizou. Do lado do franqueado, a franquia permite que ele se beneficie dos efeitos de rede, ou seja, da fama da cadeia. Fama que reduz com efeito a assimetria da informação do cliente. Ele vai dizer a si mesmo que, se tal hotel ou estabelecimento comercial pertence a uma cadeia específica, é porque ela garante bens e serviços de uma qualidade que ele conhece, com diferenças muito pequenas. Ele compra uma espécie de "garantia de provimentos".

25 – Mais caro porque é único: a inovação

Inovar é mudar radicalmente uma técnica, um produto, uma organização. É subverter as relações anteriores de produção ou de demanda, é modificar as cadeias de custos, é revolucionar os patamares de preços. A patente permite levar uma vantagem em relação aos outros. Eles serão obrigados a segui-la – se a inovação for um sucesso, é claro. Por exemplo, a internet abre a possibilidade de encomendar produtos diretamente, portanto, de passar por cima das redes de distribuição. É um retorno do *b to c*! Mas, mesmo sem encomendar, a internet permite, tanto aos consumidores como aos concorrentes, "varrer" os preços no mercado. O que pode incitar à guerra de preços, ou ao menos à vigilância por parte dos produtores. Cada um vai tratar de desenvolver a internet como um canal de distribuição ao lado de outros, mais tradicionais.

A inovação faz baixar os preços dos produtos ou das organizações anteriores. Da mesma forma, ela valoriza os novos. Entretanto, o recente episódio da nova economia mostrou que a depreciação da velha economia tinha sido forte demais, e mais ainda a apreciação da nova. Uma coisa é dizer que a inovação é necessária, senão indispensável, para assegurar o progresso econômico, outra coisa é saber que ela não esmaga necessariamente o passado. Por vezes a inovação mata, e não se encontram mais discos de vinil no comércio tradicional. Mas ela também pode se enriquecer, se combinar, e pode-se simultaneamente escrever, telefonar e trocar e-mail.

26 – Mais caro porque é garantido: a qualidade

A qualidade corresponde a um fornecimento de bens e serviços que se afastam pouco, por vezes muito pouco, de uma média definida e anunciada. Quando você vai para um hotel duas estrelas, tem uma ideia do que vão lhe oferecer, do tamanho dos quartos, do conforto do conjunto. Será a mesma coisa para um hotel três estrelas. A diferença de preço traduz não só as diferenças de serviço de hospedagem entre os dois tipos de hotel, mas também o fato de que, em relação a cada um, não haverá surpresas negativas. A incerteza sobre os serviços ofertados é mais reduzida ainda quando, em relação a um hotel duas estrelas, por exemplo, você empurra a porta de um membro de uma cadeia, como se viu no caso da franquia. O cliente fica então mais confiante e, portanto, mais inclinado a gastar.

Mais uma vez, ele compra uma "garantia de provimento". Ela decorre do "padrão de qualidade" adotado pela empresa, que pode ser encontrado em todas as suas atividades. Trata-se por exemplo de responder ao cliente dentro de um determinado número de dias, de não deixá-lo esperando em uma central telefônica mais do que x segundos, ou de obter uma taxa mínima de defeitos em uma fábrica. Matematicamente, a qualidade é representada por um afastamento da média. Ela supõe controles, mas também organizações, treinamentos e incitações adequadas.

27 – Mais caro porque é famoso: a marca

A marca é um distintivo e um engajamento. Veremos um certo jacaré em uma roupa, ou as letras L e V entrelaçadas em uma bolsa. Para além do símbolo, que sempre poderá ser considerado social, com o preço que lhe corresponde, a marca é também um contrato de qualidade. O ofertante deve cumprir a promessa anunciada pela leitura do seu nome. Nesse contexto, a marca é uma garantia que deve ser paga como tal, por isso o preço. Em contrapartida, ela confere certamente um grau de monopólio, e o bem será comprado mais caro. Alienação: talvez; irracionalidade: não necessariamente.

É por isso que a história não para por aqui. A concorrência entre as marcas de distribuidores se desenvolve. A ideia é alcançar com mais segurança o consumidor final, mas também (sobretudo?) ser uma referência para o distribuidor. Se a marca de determinada água é célebre, terá de estar necessariamente nas gôndolas. O distribuidor então desenvolverá a sua, para reduzir o grau de monopólio obtido pelo produtor, e assim por diante. Escolham suas marcas!

28 – Mais barato se for mais consumido: a fidelização

Há fidelização de um cliente quando seu consumo no tempo t faz com que ele seja, com bastante probabilidade, cliente em t + 1. O cliente fiel fornece a base de um faturamento recorrente: compreende-se que ele seja buscado. Eis porque o cliente do *fast food* ganhará uma refeição de graça depois de um certo número; o do banco, presentes em função de *pontos* de atividade, ou ainda o viajante aéreo passagens de acordo com as milhas percorridas (milhagem). É preciso que todos voltem.

É preciso, pois, para começar, que ele volte. Eis porque a empresa vai tentar atrair o cliente com ofertas tentadoras, em contrapartida a um contrato de utilização. A operadora de telefonia oferecerá um aparelho com um desconto considerável, mas para um compromisso de utilização de longa duração. E quanto mais o cliente for fiel, mais se acostumará a utilizar os bens e serviços oferecidos. Um *learning by using* individual entra em ação. Vai ser custoso (e mais ainda penoso) para ele trocar de ofertante, pois terá de aprender de novo. O cliente fiel não está, então, necessariamente inerte ou amarrado a contratos. Ele faz também um cálculo custo-benefício: a fidelidade pode ser racional.

29 – Mais barato, mas é para o grupo: a afinidade (economia de clube)

O consumo por grupo manifesta o desejo dos clientes de reforçar o referencial com o qual se identificam. Os consumos por afinidade se desenvolvem em toda parte, em função dos esportes (um clube de futebol), das paixões (uma cantora), de um lugar (uma cidade), de uma região, de uma cultura, de uma língua, ou de qualquer lógica de afinidade. Em um mundo cada vez mais misturado como o nosso, algumas identidades pretendem permanecer, procura-se criar grupos.

Nesse contexto, ofertas de produtos ou de serviços se tornam mais precisas, destinadas a populações específicas.

O detentor americano de um cartão de crédito não exibirá necessariamente um cartão *gold*, sinal de seu nível de renda, mas de determinado clube esportivo, sinal de seu entusiasmo. Ao ir a certas lojas, é certo que terá direito a descontos, mas as lojas sabem que podem contar com esse cliente fiel e gastador, uma vez que é para o grupo dele! Ao mesmo tempo, quanto mais o clube se desenvolver, mas ele se reforçará. A rede de seus membros se comunica e faz mais trocas. Torna-se cada vez mais interessante para as empresas oferecer-lhes condições vantajosas, e assim por diante. Para algumas pessoas, o "valor" financeiro de um clube evoluiria com o conjunto de seus membros.

30 – A concorrência não pode ser pura nem perfeita

A concorrência pura e perfeita descreve um mundo onde a única variável é o preço, considerando o produto homogêneo. Nesse contexto, os ofertantes estão dispostos a oferecer uma quantidade x de produto por um preço y, e a este preço os demandantes estão prontos a comprar x', mas x' é inferior a x! O mercado está, assim, desequilibrado.

Se o preço baixa, a quantidade oferecida será menor, mas a que será demandada será maior: a diferença se reduz. Até o momento em que o máximo de produtos será, ao mesmo tempo, comprado e vendido por um preço determinado. Ao mesmo tempo, o preço que equilibra o mercado de bens de consumo supõe que os produtos serão efetivamente... produzidos. É preciso, pois, que os assalariados estejam de acordo em trabalhar um certo tempo a um certo preço e que, por outro lado, investidores tragam recursos financeiros como contrapartida a uma certa remuneração. Todos os mercados se equilibram. Estamos descrevendo o que Léon Walras[7] falou.

---

7. Léon Walras (1834-1910), economista francês, é considerado um dos fundadores da economia matemática e um dos teóricos da Teoria Geral de Equilíbrio, que procura explicar a produção, o consumo e os preços numa economia completa. (N.E.)

E no ótimo de Pareto[8], em que nenhuma situação pode ser melhor aqui sem ser pior em outro lugar, o mercado de bens troca o máximo de produtos a um preço determinado, o mercado de trabalho emprega o máximo de assalariados a um salário determinado, a taxa de juros permite a melhor alocação intertemporal dos recursos.

Evidentemente, pode-se sempre criticar tal apresentação, da mesma maneira que se pode dizer ao físico teórico que as estrelas não funcionam em um universo sem fricção. Mas ela tem a vantagem de apresentar o que poderia ser a situação mais favorável para todos, com pistas para alcançá-la: as da transparência e da concorrência.

31 – O monopólio não pode durar muito tempo

O monopólio, em teoria, é a situação em que uma única empresa ocupa o mercado. Nesse caso, quanto mais o monopólio produz, mais o preço médio do que ele oferece deve baixar, uma vez que ele é o único a oferecê-lo. A um custo médio constante, os lucros do monopólio baixam. Mas como os custos do que ele produz têm tendência a subir para além dos ganhos que lhe vêm das economias de escala e de experiência, uma vez que demanda cada vez mais mão-de-obra e produtos intermediários, o processo pode então continuar, mas até o momento em que todos os seus lucros tiverem desaparecido!

Na realidade, pode haver monopólio por boas razões, se os rendimentos de escala forem crescentes, ou seja, se o custo médio de produção não parar de baixar com a quantidade oferecida. É o caso da eletricidade ou do telefone. A linha é muito custosa para ser instalada, porém cada

---

8. Desenvolvido pelo economista italiano Vilfredo Pareto (1848-1923), o ótimo de Pareto é definido em termos de eficiência da produção e satisfação dos consumidores. Na situação ótima, a produção tem a eficiência máxima e os consumidores, grau máximo de satisfação. (N.E.)

vez mais rentável se transportar sempre mais quilowatts ou mensagens. Há assim um monopólio natural. Ninguém sonharia (salvo se pretender entrar em uma corrida para a ruína) em criar uma segunda linha de TGV[9] para transportar passageiros entre Paris e Lion ou em duplicar as linhas elétricas para entrar em guerra de preços com a EDF.[10]

A questão que se coloca é a da regulação desse mercado. Ela faz a distinção entre o sistema de transporte, que é um monopólio, e as companhias, eventualmente privadas, que podem se servir dele. São os vagões para a estrada de ferro, a voz e os dados para o telefone. O "operador histórico", o antigo monopolista, vê desse modo chegarem novas sociedades para a telefonia ou a eletricidade, como antes para a televisão. Tudo se passa doravante sob o controle de agências reguladoras independentes (ARCEP para o telefone e o correio, CRE para a eletricidade[11]). Elas devem cuidar para que a concorrência ocorra, portanto para que o antigo "monopolista" dê efetivamente lugar aos iniciantes.

Ao lado do monopólio natural, legítimo e regulável, posições fortes podem existir, trazendo o risco de abusos. O cartel é o caso extremo, em que o acordo entre alguns conduz a um monopólio de fato. É repreensível e deve ser desmantelado. No resto do tempo, diante de situações julgadas problemáticas, as autoridades tentam avaliar a diferença entre os preços em um mercado com concorrentes e um outro, que se estima bastante concentrado. Em um mercado com muitos concorrentes, bastam alguns intervenientes para uma verdadeira concorrência, dado que as fatias do mercado são suficientemente bem repartidas. Uma nova chegada é

---

9. *Train à grand vitesse*, o trem-bala francês. (N.T.)
10. Éléctricité de France. Empresa pública encarregada da produção, transporte e distribuição de eletricidade. (N.T.)
11. ARCEP: Autorité de Régulation des Communications Électroniques et des Postes (correspondente à Anatel no Brasil); CRE: Commission de Régulation de l'Électricité (corresponde à Aneel no Brasil). (N.T.)

sempre possível. A barreira à entrada não é intransponível: o mercado é contestável. A chegada de uma nova empresa é uma ameaça digna de crédito, uma vez que a renda do monopólio, ou seja, a diferença entre o preço do monopólio e o da concorrência, é atraente.

Se a concorrência for suficientemente ativa, os clientes suficientemente reativos, as autoridades e a concorrência suficientemente combativas, o risco de monopólio ficará reduzido. Uma taxa de lucro satisfatória nasce então dessa concorrência correta, economicamente eficiente (*workcable competition*). Ela não deve ser fácil demais, o que conduziria ao monopólio. Ela também não deve ser forte demais, o que corroeria as margens, frearia os investimentos, a inovação – e, portanto, a médio prazo, o crescimento e o emprego.

32 – A concorrência monopolista está em toda parte

A concorrência monopolística reúne diversos ofertantes que procuram se singularizar. Quando o latim nos fala de "vários correndo uns contra os outros" (etimologia da palavra concorrência), e o grego de um (*mono*) vendedor (*polio*)[12], não há contradição nos termos. As duas línguas nos descrevem a coexistência, em um mesmo mercado, de certos graus de monopólio (pela marca, localização...), mas em um contexto suficientemente aberto. O comprador pode expressar preferências e mudar de fornecedor, de local de compra. Pode romper seu contrato sem despesas muito importantes e sem ir ao tribunal.

Essa situação traduz bem nossa realidade econômica. A concorrência reduz constantemente as margens (a loja de departamentos, a internet, o que acabou de entrar no mercado etc.). Ao mesmo tempo, toda empresa inova, fideliza, cria

---

12. É preciso não confundir o *poli* de cidade (com um *o* minúsculo; *omicron* em grego), de *metrópole* ou de *megalópole,* com o *poli* de vendedor (com um *o* maiúsculo; *ômega*, em grego), que é o de *monopólio* ou *oligopólio*. (N.A.)

novos produtos que ela oferece cada vez mais em conjunto. A longo prazo, o lucro diminui com a concorrência. No entretempo, ele renasce com as inovações e as diferenciações.

33 – O oligopólio é a forma dominante dos mercados

O oligopólio é o encontro, em um mesmo mercado, de um número limitado de ofertantes (três a cinco em geral). Nesse contexto, cada um é suficientemente forte para que sua ação tenha algum efeito sobre o outro, ou então que ele ache que possa ter: a interdependência é dita conjectural. Essa situação é observada na grande maioria dos mercados, com oligopólios nacionais, regionais ou mundiais. Por exemplo, entre os *majors* da música – Universal Music, Sony, EMI, Warner e BMG –, cada um procura se diferenciar do outro, cada um vigia o outro.

A concorrência de preços é permanente, mas pode ter efeitos violentos. A partir de um certo nível de redução, os outros vão ter de reagir, a menos que corram graves riscos em relação a seus clientes. As guerras de preços, como no caso da diminuição de certas tarifas aéreas ou da alta das taxas de juros de depósitos bancários, terminam sempre reduzindo o número dos intervenientes no mercado.

A batalha também pode se dar em relação aos padrões. Ainda nos lembramos da guerra entre PAL e NTSC pela televisão em cores ou, mais recentemente, pelo videocassete, entre Betamax e VHS. Finalmente o VHS ganhou, mesmo que os técnicos pensassem diferente. Na concorrência pelos padrões e pelas normas, a coexistência é impossível por um longo período. A luta se faz mais nos terrenos da venda, das finanças, por vezes até da política, do que nos da técnica. Chega sempre um momento em que um toma a frente do outro, ou então é percebido como tendo tomado. Nesse momento, os distribuidores apostam no ganhador e o exibem mais nas lojas, e os que desenvolvem o produto apostam no padrão dominante. Os videoclubes oferecem primeiro os sucessos de cinema no formato VHS. As crianças vêem os novos jogos eletrônicos primeiro nos PCs. Imaginamos o resultado: a profecia se torna autorrealizadora.[13] Nada lhe escapa.

34 – Concentração e nascimentos: mais caro, depois mais barato, depois menos numeroso, depois mais caro, depois mais barato, depois menos numeroso...

Os mercados são como charcos onde se alternam batalhas na baixa dos preços, com mortos, entre grandes concorrentes. Um mercado reúne geralmente um número reduzido de intervenientes. Eles utilizam todos os instrumentos da concorrência (preço, produto, localização, publicidade, alianças etc.), mas segundo intensidades muito diferentes ao longo do tempo.

Há, assim, fases de tensão fraca ou média, quando cada um se observa. O mercado se constrói e se estabiliza, um pouco como fazem os jacarés dentro de um brejo. Depois uma ideia surge aqui, um inovação ali, uma campanha publicitária acolá, ou até mesmo um novo presidente... e todo o sistema se desestabiliza.

A batalha se acirra. Durante várias semanas, pega-se um avião ou se telefona atrás de um preço inferior ao custo de produção. Aplica-se dinheiro ou tomam-se empréstimos em condições que correspondem a perdas bancárias. Diante dessas benesses, os clientes podem se mexer, ou ao menos ameaçar fazê-lo. Na maioria das vezes é o que basta: sua ameaça é crível. E então eles aproveitam a melhor oferta feita pela outra empresa, sem sequer precisar de mudar de fornecedor, uma vez que este último tem de acompanhá-la! Imagina-se o que se passa com as margens: as perdas se acumulam.

---

13. A profecia autorrealizadora (efeito Merton): o anúncio de que algo virá faz com que sobrevenha. O anúncio da vitória do padrão faz com que o padrão seja o vencedor, assim como a subida do dólar e da Bolsa. Mas não funciona assim todas as vezes! (N.A.)

Os clientes sabem perfeitamente que é uma questão de tempo, que a batalha aberta pela diminuição de preço dentro em breve reduzirá o número de animais. Menos numerosos, os que sobrarem se verão um pouco mais fortes. Terão de recuperar as forças e, portanto, refazer-se: mais uma razão para aproveitar a batalha. A calma volta em seguida à lagoa, até uma próxima vez.[14] Durante esse tempo, nascem novos bebês. Eles se aproveitam do cansaço, da simpatia, da estratégia ou da miopia dos grandes.

---

14. E. Maskin, J. Tirole. *A theory of dynamic Oligopoly II: Price competition, kinked demand curves and edgeworth cycles*, Econometrica, 1988. (N.A.)

Capítulo III

Quando as finanças se encarregam da empresa

A lei da selva (pois há jacarés) ou então a concorrência (pois há confrontação de desejos e possibilidades) muda constantemente a distribuição do poder. O terreno não para de se estender, pois os mercados se expandem: a diminuição dos preços aumenta sempre o número de clientes solventes. As contendas opõem atores sempre mais poderosos, pois os menos reativos e inventivos morrem. Tudo se passa sob a influência de uma taxa de rentabilidade crescente exigida pelos acionistas – sob a "aguilhoada do ganho", como dizia Marx.

35 – O rendimento dos fundos próprios (*Return on Equity*)

*É um coeficiente, o resultado líquido (*return*) da empresa dividido por seus fundos próprios (*equity*)*. É o rendimento obtido pelo capital trazido pelos acionistas. Assim, quando 1 bilhão de euros de fundos próprios resultam em 90 milhões, seu rendimento é de 9%. Essa taxa é comparada à de uma aplicação de longo prazo em títulos (da ordem de 4 a 5%) ou de curto prazo (2% atualmente). Compreende-se então por que se trata de um indicador e de um incitador. Indicador, ao marcar a intensidade da pressão exercida pelos acionistas sobre a administração da firma. Eles pretendem reduzir a "assimetria" da situação decorrente de sua exterioridade em relação a ela. Como não estão dentro dela, uma taxa de lucro elevada mostra *a priori* que está sendo levada em conta sua demanda de rentabilidade, ao serem feitos esforços de produtividade, de inovação ou de conquista de clientela que permitam satisfazê-la.

Incitador, pois o resultado demandado se torna bem depressa uma norma, hoje em dia situado em 15%. O bilhão de euros deve, pois, trazer 150 milhões. A taxa fixada se torna uma obsessão para os administradores. É possível para alguns por algum tempo, mas não para todos todo o tempo, pois essa norma, presumida geral e permanente, é na realidade muito seletiva. Ela conduz os dirigentes a adotar soluções muito próximas, em função da expectativa do mercado financeiro. Tais soluções levam a operações relacionadas ao numerador, onde a questão é aumentar R, o *Return*. É preciso diminuir os custos (*cost cutting*) e se concentrar na atividade de base, o *core business*. Essas operações são seguidas de abandono de unidades julgadas pouco ou nada estratégicas. Ações complementares conduzem as empresas a reter apenas seus locais e pólos de excelência, a fechar os demais, a deslocalizar. Ao mesmo tempo, para reduzir o denominador, E de *Equity*, as empresas se voltam para os bancos (ver item 42) e para o mercado de títulos (ver item 43). Querem aumentar seu endividamento e solicitar menos os acionistas. No limite, as empresas chegam até a recomprar uma parte dessas ações, por se considerarem com capital demais – na realidade, capital demais em relação à remuneração exigida pelo mercado.

Com um ativo mais especializado e um crédito aumentado, o rendimento dos fundos próprios se torna matematicamente mais elevado. Ele corresponde aos anseios dos acionistas e deveria permitir julgar os administradores, ou então enriquecê-los. Mas quais os efeitos de tal política a médio prazo? Tais escolhas conduzem a reforços nas atividades certamente dominadas, porém frequentemente maduras. O que acontecerá caso as empresas se concentrem demais em atividades mais reduzidas, com mais dívidas e menos fundos próprios, se os gostos dos clientes mudarem ou se o mercado financeiro se alterar? Pois é preciso sempre lançar produtos, procurar, explorar e diversificar. Essa empresa mais rentável se tornará mais arriscada, com suas estratégias de curto prazo. É o efeito mecânico do desejo febril do acionista... Conseguirá ele admitir?

36 – O seguro

Segurar é repartir o risco, é mutualizá-lo entre um número maior de intervenientes. Mas, para que haja seguro, é preciso que haja risco verdadeiro, ou seja, que a pessoa ou a empresa que compra o seguro não tenha interesse no sinistro. Nesse caso haveria seleção adversa (em inglês: *adverse selection*). É preciso também que, depois de contratado o seguro, esta mesma pessoa não se mostre negligente nem tome decisões que a coloquem em mais risco. Haveria então risco moral (em outras palavras, de comportamento; em inglês: *moral hazard*). Como, por exemplo, no caso do seguro de automóvel, em que é preciso ao mesmo tempo conhecer o passado do motorista e tomar precauções para que ele não dirija mais depressa, agora que está bem segurado.

Portanto, é preciso, antes, procurar "a informação oculta" sobre a pessoa ou a sociedade. Depois, é preciso acompanhar o contrato para impedir a "ação oculta". Em outras palavras, o risco teria uma probabilidade maior de se materializar e o contratante mais chance de se "beneficiar" com a mutualização. A trapaça não está completamente afastada.

Por suas funções de análise, de repartição e de seguimento dos riscos, o seguro desempenha um papel fundamental para garantir o crescimento. Ele diferencia os riscos empresariais dos infelizes concursos das circunstâncias. Os primeiros estão ligados a erros de gestão, e portanto comprometem o capital dos acionistas. Os segundos são cobertos pelos prêmios dos segurados e permitem, desse modo, o prosseguimento da atividade. Se o seguro não existisse, a própria empresa teria de cobrir uma parte mais importante dos riscos que assume e que, nesse caso, repassaria aos funcionários, clientes e fornecedores. Para poder pagar os sinistros, teria de escolher, seja atividades mais arriscadas e conservar um importante encaixe líquido, seja atividades menos arriscadas. Em ambos os casos seu crescimento seria muito menor. Ademais, o seguro que analisa e seleciona o risco, que o reparte mutualizando-o, pode também vendê-lo a outros agentes econômicos. Gestores de ativos ou de fundos de aposentadoria, desejosos de repartir seus ativos, compram desse modo produtos relacionados, por exemplo, a imprevistos climáticos. Um cliente se cobre contra seca; outro, contra inundação. Não há verdadeiro crescimento sem um bom seguro.

37 – A ação estratégica

A ação estratégica é um ato de reflexão. Consiste em descrever as escolhas possíveis da empresa em função das evoluções da situação econômica em geral, da própria empresa, com suas forças e suas fraquezas, e da concorrência. A situação econômica é formada pela economia em sentido macro, com seu potencial de crescimento (soma da população ativa e da produtividade do trabalho), pela demanda dirigida ao setor e à empresa. As escolhas da empresa dizem respeito notadamente aos produtos, seus preços, seus canais de distribuição ou marca, os países ou os setores em que ela pretende comerciar e produzir. Seus objetivos são evidentemente múltiplos: parte do mercado, crescimento do resultado, notoriedade, para citar os mais significativos. Eles se reúnem contudo em torno de uma noção financeira única, o rendimento dos fundos próprios (ver item 35). É esse rendimento que é preciso fazer crescer em meio à concorrência, ou seja, em meio à situação financeira, econômica, técnica e social na qual se encontram os principais membros do oligopólio.

A partir dessa análise, a administração organiza um conjunto de escolhas econômicas e sociais (investimentos, desinvestimentos, treinamentos, reconversões, contratações, licenciamentos, localizações), financeiras e midiáticas para alcançar o resultado financeiro desejado. É elaborado também um plano de *marketing*, com datas de acompanhamento dos objetivos. Ele detalha as formas de abordagem externa, em especial dos mercados financeiros, e interna, das diferentes categorias de assalariados.

38 – O portfólio de atividades

O portfólio de atividades da firma reúne o conjunto de domínios no qual ela opera. A lógica de portfólio tem um sentido duplo. O primeiro é econômico, contendo a ideia de que as diversas atividades vão conhecer fases de nascimento, desenvolvimento, maturidade e declínio. O portfólio é a justaposição, em um dado momento, de tarefas que alcançaram etapas diferentes de desenvolvimento.

O segundo sentido é de natureza securitária e contém a ideia de que atividades em crescimento e em processo de maturação serão beneficiárias. Elas vão financiar novas atividades e permitir recuos. Não convém colocar todos os ovos dentro de um mesmo cesto, mas colocar em um mesmo cesto (a empresa) ovos, pintos e galinhas de tamanhos diferentes. A venda de alguns permitirá comprar mais ovos e assim autofinanciar o progresso do galinheiro!

Teremos reconhecido o modelo do BCG (*Boston Consulting Group*), no qual o ciclo de vida das atividades permite que a empresa controle seu crescimento. Tudo isso é verdade se a concorrência permitir, e também a tecnologia, a legislação, sem contar os clientes, os acionistas e os concorrentes.

39 – O negócio principal (*core business*)

O core business *é a atividade da empresa na qual ela manifesta suas mais fortes competências e obtém seus melhores resultados.* Esse domínio concentra os efeitos positivos das economias de escala, de aprendizagem e de escopo – em suma, economias de aglomeração. A empresa se beneficia igualmente, em relação ao negócio principal, de uma imagem positiva. Ela lhe permite contratar os profissionais mais produtivos, oferecer a melhor relação qualidade/preço a seus clientes, cada vez mais numerosos e fiéis, ao mesmo tempo em que os bancos e os mercados a financiam sem dificuldade, os acionistas ficam satisfeitos e os concorrentes, inquietos. Em suma, trata-se de um caso de círculo virtuoso, de uma perfeita história de sucesso. Ela sempre acontece nas empresas que se dão bem, mas em que grau? E, sobretudo, por quanto tempo?

40 – Portfólio de atividades ou *core business*? Capitalismo familiar, gerencial ou patrimonial (financeiro)?

Os objetivos do capitalismo, além do lucro que permite continuar e que resume as expectativas, mudam com a história e as próprias "variedades" do capitalismo. A empresa monoprodutora do capitalismo familiar maximiza sobretudo o lucro; o grupo do capitalismo gerencial administra um portfólio de atividades a médio prazo; o capitalismo financeiro acredita no *core business* e no *Return on Equity* que supostamente o acompanha.

Como escolher entre portfólio de atividades e *core business*? É preciso organizar o registro dos débitos e dos créditos das atividades ao longo do tempo, ou reter apenas as melhores dentre elas? Não há resposta definitiva: depende de quem a dá.

Se quem manda suspender o procedimento e o plano estratégico é o proprietário da firma, estamos no capitalismo familiar. A tendência será reforçar um número limitado de domínios, aquele onde a empresa começou, para ir em seguida para outros, julgados mais promissores ou que se tornaram mais acessíveis. Mas é preciso dominar essa evolução, para não correr riscos demais, para não perder o poder. E a Bic ficará muito tempo nas canetas.

Se o capitalismo é gerencial, as empresas são mais antigas e de maior porte. Então elas adotarão, em geral, uma política de portfólio de atividades. Tal política tem a vantagem de reduzir o risco total da firma (vários ovos dentro do cesto da empresa), ao mesmo tempo permitindo um certo autofinanciamento do crescimento. Vê-se aí o modelo do BCG (ver item 38), no qual os pintinhos – os dilemas, segundo o termo proposto por esse grupo de consultores – são financiados graças às belas galinhas, no caso, as minas de ouro! Com efeito, um crescimento predominantemente interno, ainda por cima autofinanciado, constitui uma garantia de estabilidade dos gerentes em relação aos acionistas. Se necessário, eles não hesitarão em buscar recursos junto aos bancos ou no mercado de títulos (*corporate bonds*). Mas hesitarão diante dos aumentos de capital que poderiam alterar a geografia do poder acionário ou conduzir a questionamentos excessivamente específicos por parte dos proprietários. E determinado grupo hoteleiro oferecerá uma gama completa de categorias, de uma a cinco estrelas, para se autofinanciar de forma duradoura.

Finalmente, se o capitalismo se torna patrimonial, ele corresponderá aos desejos financeiros de acionistas de fora da empresa, e a escolha se voltará sobretudo para o *core business*. O que esses acionistas desejam é reter as empresas de qualidade, rentáveis, se possível por um prazo bastante longo, com um perfil cíclico claro e específico (ver item 38). Assim, terão empresas alimentícias, de construção civil, mídias etc. Organizarão, à sua maneira, ou melhor, no seu nível, o cesto de atividades que lhes convirá. Passamos assim do portfólio de atividades no seio da firma, típico dos capitalismos familiares e sobretudo gerenciais, ao *core business*, típico do capitalismo financeiro e patrimonial atual. Atualmente, os acionistas decidem por um cesto de atividades (de *cores*) em função de suas visões do futuro e de seus horizontes temporais. O risco assumido por determinada empresa poderá (por vezes deverá) ser potencialmente mais elevado (com menos atividades e mais dívidas), uma vez que o processo de seguro se situa mais acima, com investidores que diversificaram seus patrimônios. Chega-se assim ao portfólio de participações do acionista, na maioria das vezes gestor de ativos ou seguradora, e não mais gestor das atividades da empresa, alcançando, dessa forma, os grandes portfólios, selecionados por analistas e gerentes e oferecidos a investidores em função de seus anseios em termos de risco, de país, de setor e assim por diante.

41 – A estratégia de endividamento e o efeito alavanca

O efeito alavanca (ou alavancagem) permite à empresa que se endivida aumentar o rendimento de seus fundos próprios. Assim, se o rendimento do projeto é de 20% e a taxa do empréstimo é de 6%, evidentemente o recurso ao empréstimo economiza capital e permite melhor rentabilizá-lo.

No limite, não se compreende por que a empresa não escolheria apenas se endividar. Desse modo ela obteria uma rentabilidade quase infinita para o magro capital investido! Mas intervêm nesse caso a assimetria de informação e os imprevistos da moralidade. Com efeito, se o banco (ou o mercado) financiar um quarto da operação, o acionista é quem, de fato, arcará com o essencial do risco. Ele será, portanto, prudente. Se, no outro extremo, este último contribuir com apenas 5 ou 10% dos aportes, pode-se pensar que será menos vigilante ou tenderá a escolhas mais ousadas. O banco, ou o mercado financeiro, é quem verdadeiramente arcará com o risco. E não é certo que o rendimento que venha a obter irá compensar o risco que na realidade correu.

Assim, o efeito alavanca comporta duas dimensões. A primeira é a diferença entre a rentabilidade bruta antecipada do projeto e a taxa de juros. A segunda é o montante tomado emprestado em relação ao que será autofinanciado. É normal que a taxa de juros seja inferior à taxa de rendimento, no nosso exemplo 20% e 6%. É preciso remunerar o risco da empresa e o trabalho de fiscalizar (*monitorar*) as operações por conta do emprestador e do acionista. Mas, quanto mais aumenta a dívida, mais cresce seu risco, portanto, mais sua taxa de remuneração deve aumentar. Passa assim de 6% a 7, 8, 9%. O efeito alavanca decresce, pois, com o montante relativo tomado emprestado, uma vez que a diferença entre a rentabilidade bruta e o juro diminui. Em outra palavras, o preço do risco não seria levado em conta. A porta estaria aberta a empresas que se endividam sempre mais, para projetos mais arriscados. Haveria então mais crescimento econômico e de rentabilidade de títulos, mas somente por certo tempo. Por exemplo, um investidor em imóveis se endivida cada vez mais para comprar imóveis que ele revenderá em seguida. O valor de seus títulos aumenta, contanto que ele encontre quem queira ficar com suas aquisições. Mas chega um momento em que os preços do metro quadrado podem parecer excessivos, e então começa a ficar cada vez mais difícil financiá-los com crédito. Os preços dos imóveis baixam e principia uma recessão no setor imobiliário, com perdas nas bolsas, as quais se propagam.

Moralidade: o efeito alavanca é um acelerador de crescimento que deve ser usado com discernimento.

42 – O crédito bancário

O banco tem o direito de conceder crédito, ou seja, de criar, por meio de análises de risco e juros, moeda. Essa criação de moeda permite acelerar o crescimento e antecipar as compras. O banco participa do financiamento da empresa (investimento, estoque, exportação, importação, projeto) ou das famílias (crédito ao consumidor ou de habitação). Do ponto de vista do banco, a razão de ser do crédito é a rentabilidade que pode obter dele, tanto diretamente, pela margem que ele embute, quanto indiretamente, pelas atividades anexas que pode suscitar, com a fidelidade do cliente ao seu banco.

A fonte do crédito vem da capacidade do banco de criar moeda pelo empréstimo bancário a descoberto[15], sabendo-se que a margem de juros (diferença entre as condições de empréstimo e o custo dos recursos) é uma fonte de renda

---

15. Com efeito, mesmo que a expressão não seja utilizada senão para os pequenos créditos a particulares, mais relacionados à ajuda momentânea, a lógica da criação monetária é sempre a mesma: o banco permite a uma empresa recorrer às linhas de crédito disponíveis. A empresa pode então pagar fornecedores, pode investir, na certeza de que os lucros que virão dos clientes (através das vendas), depois do crescimento, lhe permitirão devolver o crédito, inclusive os juros. (N.A.)

importante para o banco, que o reembolso dos créditos vencidos permite estabilizar o balanço e que os fundos próprios (a que se acrescentam as reservas) garantem as operações malsucedidas.

A lógica do crédito é, pois, que as condições de sua concessão devem remunerar o risco assumido. Trata-se de conhecer o cliente e sua história, de conhecer também os riscos estatísticos de inadimplência para sua categoria (no caso de uma empresa: dimensão e setor). Tal cálculo é feito sem esquecer das condições da concorrência e dos ganhos futuros que o cliente trará, se for bom, se continuar bom e se ficar! A determinação dos preços dos serviços bancários é uma arte difícil. É necessário levantar a informação necessária, encontrar garantias e construir uma clientela que adquira outros produtos além do crédito. Para o estabelecimento bancário, com efeito, tornou-se um atrativo. É a capacidade do banco de fazer o cliente entrar na lógica de economia de escopo, a partir do crédito, que garantirá a progressão de sua própria rentabilidade.

Simetricamente, se o crédito evoluir mal, o banco terá de reagir o quanto antes e enviar mensagens para conseguir mudar os comportamentos ou as escolhas de seus clientes. É preciso que as pessoas físicas prestem mais atenção em suas despesas; a empresa, na sua gestão. O banco pode exigir garantias suplementares. No caso de uma empresa, se o alerta chegar bem cedo, a instituição financeira poderá retirar-se do *pool* bancário. Caso contrário, terá de permanecer e se envolver mais ainda na análise da situação, talvez conceder créditos suplementares, podendo chegar a retomar a posse do ativo financiado para vendê-lo mais tarde. Tudo isso se fará com importantes perdas. No mercado de segunda mão (no mercado secundário, em relação ao mercado primário, do novo) ou, pior, no ferro-velho, os bens industriais, máquinas industriais ou bens agrícolas valem pouco, os estoques não-vendidos menos ainda, os produtos não-acabados não valem nada. E trata-se, mesmo nesse caso, de ativos físicos. Mas o que fazer dos estudos de mercado ou das consultorias financiadas?

Por sua construção, a atividade bancária é deslocada no tempo e cíclica. Os lucros bancários de hoje resultam de decisões passadas, nada dizem a respeito das que acabaram de ser tomadas. Compreende-se igualmente que o banco descrito desse modo preocupe-se com o relacionamento: ele acompanha o cliente ao longo do tempo. Nem todos fazem a mesma escolha, alguns preferem ser ocasionais, em função desta ou daquela oportunidade. Financiam, pois, a aquisição de uma determinada empresa por uma sociedade que quer crescer, ou concedem um crédito imobiliário a um cliente particular.

43 – O endividamento no mercado (*corporate bond*)

Para reunir recursos muito vultosos, as empresas podem apelar para o mercado financeiro e emitir títulos. O endividamento no mercado é diferente do endividamento bancário. Primeiro, trata-se de um "mercado de atacado" (para operações pouco numerosas, com grandes nomes), ao contrário do banco, que se envolve sobretudo com operações pequenas e médias.

Em seguida, o endividamento no mercado de títulos supõe uma informação dada a todos, diferentemente da relação particular e privada que a empresa mantém com seu banco. Não estamos mais no financiamento "intermediado", mas no financiamento direto, "desintermediado".

Se a empresa quiser emitir um título, precisará falar de si de maneira clara, indicando o que pretende fazer com o montante arrecadado. O comprador do título de dívida quer saber onde estará pisando: em qual empresa, em qual projeto. Teme participar sem saber e, portanto, sem ser remunerado com taxas mais elevadas em projetos mais arriscados dos que os que em geral a empresa se envolve. A emissão do título financeiro é coordenada e endossada por alguns bancos. Eles se situam em níveis diferentes (primeiro na hierarquia, segundo na hierarquia), de acordo com seu trabalho na montagem do projeto e de acordo com seu comprometimento financeiro, pois também eles participarão da operação de crédito. Eles validam as informações e os procedimentos, depois se encarregam de "colocar" os papéis junto aos investidores institucionais. Tudo isso sem esquecer das agências de *rating* que avaliam a operação e a sociedade. Elas indicam também, com uma nota, os níveis de risco nos quais ambos se situam.

A característica do título *corporate* é sua liquidez. Ele cria uma nova classe de ativos, entre as ações de um lado e os ativos monetários ou quase monetários de outro. Diferentemente do crédito feito pelo banco, e que com frequência permanece no banco até o fim[16], o título *corporate* é um crédito vendido no mercado. Seu detentor final pode cedê-lo quando desejar. Evidentemente, corre risco ao vender durante a amortização do crédito, pois o mercado pode adquirir o "papel" mais barato se a situação da firma se deteriorar ou se as taxas subirem. Mas ele pode fazer uma boa operação se

---

16. Cada vez mais, contudo, os bancos vendem seus créditos aos investidores institucionais para recuperar mais depressa uma parte de sua margem e sobretudo para obter meios de conceder novos créditos a partir de sua base de fundos próprios. São derivados de crédito (como se viu no item 38, com os produtos que vendiam seguros). A legislação sobre supervisão bancária (de Basileia) limita os créditos em circulação a uma determinado percentual de fundos próprios, por razões de segurança. Fica assim estabelecido que é de boa gestão que o banco coloque uma parte de seus créditos em operações de securitização, notadamente os créditos ao consumo ou a descoberto com cartão magnético. Observa-se essa mesma tendência nos créditos de maiores margens, por serem mais arriscados e complexos, em operações com empresas, como os financiamentos de projetos. O banco monta a operação (uma fábrica, uma estrada), depois vende uma parte importante do crédito. Fica com as margens de montagem mais uma parte das margens de intermediação, mas para os fundos próprios, que terão diminuído significativamente. Sempre se foca no *Return on Equity*. (N.A.)

as taxas de juros tiverem baixado durante o período.[17] Pior, acidentes podem ocorrer e a empresa terminar não honrando seu compromisso. O *bond*, o título, se torna *high yeld*, de alto rendimento, o que traduz de maneira polida seu nível de risco, depois *junk*, podre, o que expressa sem equívoco o julgamento que o mercado faz sobre ele e sobre a empresa. A diferença de taxas de juros segundo os endossos (o *spread*) assinala a ideia que o mercado formou da saúde relativa da empresa.

44 – Valorização em bolsa (*Price to Book*), e compra de empresas

*A valorização em bolsa (*Price to Book*) indica qual é o curso (*Price*) na Bolsa de 1 euro ou de 1 dólar de fundos próprios inscrito no balanço (no* Book*).* Que valor a Bolsa dá a 1 euro de capital do Deutsche Bank, da Société Générale ou do Lloyds TSB? A resposta em novembro de 2003 era que 1 euro DB valia cerca de 0,7 euro; 1 euro SG, 1,2; e 1 euro Lloyds TSB, 3. Em fevereiro de 2005, 1 euro DB valia perto de 1,3 euros; 1 euro SG, 1,6; e 1 euro Lloyds TSB, "somente" 2,5. O que aconteceu? Simplesmente, o *Return on Equity (RoE)* dos bancos menos valorizados aumentou, não o dos outros. O Deutsch Bank cortou suas despesas e procurou mais agressivamente clientes, enquanto que as perspectivas de lucro não progrediram tanto para o banco inglês.

Tais resultados revelam o verdadeiro segredo do que busca o acionista, por intermédio do *Return on Equity*: comprar outras empresas mais barato e pagá-las "em papel", isto é, trocar os títulos que detém. É por isso que ele impele a empresa onde investiu a aumentar o rendimento dos fundos próprios para aumentar sua valorização em bolsa, de preferência

---

17. Para um título emitido a 5%, se os rendimentos (com mesmo nível de risco) passarem para 4%, o papel passa a valer mais, uma vez que rende relativamente mais do que um outro que tenha acabado de ser emitido a 4%, e proporcionalmente se os rendimentos passarem para 7%. (N.A.)

mais do que as outras. Seu curso aumenta a valorização dos demais papéis e lhe dá poder de compra privado superior para adquirir sociedades.

O problema então não é mais o portfólio de atividades da empresa de partida, uma vez que o *core business* bem-sucedido e boas políticas de endividamento permitiram a aquisição de outras empresas. O acionista passa a fazer suas compras de empresas segundo sua preferência. Mas o risco nunca está ausente. Ao contrário, não faz senão crescer. Primeiro porque a firma de partida é mais especializada em seu ativo e mais endividada. Em seguida, porque ela deve continuar se endividando para comprar outras empresas, sabendo que a operação de crescimento externo nunca é *a priori* bem-sucedida. Na verdade, é a mais arriscada de todas, por razões não só comerciais, técnicas, políticas e sociais, mas também financeiras. Com efeito, as empresas visadas estão tão endividadas quanto a empresa predadora, às vezes mais. Muitas vezes elas pretenderam se proteger crescendo. A partir de agora será preciso digeri-las, dirigi-las e rentabilizá-las mais... Boa sorte!

Capítulo IV

Quando as organizações e os poderes públicos se encarregam de todos

A empresa, com seus clientes, clientes potenciais, funcionários, financistas, acionistas, sem esquecer as outras empresas, se insere em estruturas ainda mais vastas, privadas ou públicas. Quando privadas, elas representam interesses determinados; públicas, devem encarnar o interesse geral. A fronteira entre elas não é simples, uma vez que o meio cooperativo e mutualista adquire um peso crescente, e o mundo associativo se torna cada vez mais importante. Acrescentemos que a interdependência entre os atores está crescendo, que a definição do interesse geral não é simples e que a "cooptação do legislador" por interesses corporativos é sempre possível. Por outro lado, os funcionários, que são também eleitores, podem ser acionistas ou membros de sindicatos, de partidos políticos ou de associações. Os clientes podem se reunir em associações de consumidores, os fornecedores podem se concentrar e se tornar muito poderosos, as associações podem se tornar múltiplas e muito presentes. Os acionistas não estão sozinhos, de fato cada vez menos sozinhos. Também eles se organizam em grupos. A empresa é cercada e penetrada por outras organizações.

45 – O tempo das organizações

Uma organização agrupa um conjunto de atores que têm preocupações econômicas comuns, de natureza principal ou secundária. Sua intenção é estudá-las e defendê-las em grupo. Um sindicato de trabalhadores, um partido político, uma associação de pais de alunos ou de bairro, uma associação de consumidores ou de produtores, uma associação religiosa ou laica, um clube esportivo ou de reflexão, um fã-clube de um artista ou de apaixonados por carros antigos são também grupos de pessoas. Querem se fazer ouvir tanto quanto qualquer outra organização ou empresa – o grupo de pessoas que quer produzir para vender de maneira rentável. As preocupações econômicas das organizações podem ser maiores, secundárias ou mesmo muito secundárias, mas é impossível negligenciá-las.

Cada uma elabora análises, com críticas e proposições. Seu conteúdo econômico é mais ou menos pronunciado. Cada uma vai exercer influências diretas ou indiretas sobre as outras ou sobre os poderes públicos, de maneira a transmitir suas ideias e suas demandas. Uma organização é sempre um grupo de pressão, explícita ou implícita, cujas intervenções têm sempre efeitos econômicos.

Nosso sistema econômico e social se expande e se ramifica. Ele vê crescer o número de grupos que exercem influências, diretas ou indiretas, sobre quem toma decisões (ações de *lobbying*). As relações econômicas e sociais tradicionais se tornam mais complexas, o exercício de qualquer poder, mais complicado.

46 – O tempo das regras (*Rules versus Discretion*)

*Esta expressão põe em confronto duas maneiras de conceber a política econômica, segundo regras anunciadas (*rules*) ou princípios que se adaptam (*discretion*).* Tal dicotomia ocorre pela ação monetária em primeiro lugar, orçamentária em seguida, comercial hoje, à espera de outros domínios. A abordagem pelas regras (*rules*) indica antecipadamente os fundamentos da ação que será executada. Isso coloca todos em condições de compreender sua lógica, antecipá-la, observar em seguida seus efeitos. Estamos do lado da transparência. Uma transparência que deve permitir aos atores envolvidos fazer pressão para que as regras sejam efetivamente adotadas.

A abordagem discricionária (*discretion*) é por definição menos visível e previsível. Ela introduz uma latitude de análise e de interpretação na ação, mesmo que, evidentemente, ela se baseie nos mesmos objetivos que uma política por regras, em um domínio determinado. Assim, uma política discricionária supõe jogos de atores, influências múltiplas, às custas de uma menor clareza. Ela permite, em compensação, mais perspicácia na análise e na operação.

A regra deve ser simples e clara para ser conhecida por todos. Na zona do euro, é, pois, a estabilidade dos preços "em torno de 2%", ou o orçamento "próximo do equilíbrio", ou pelo menos um déficit "inferior a 3% do PIB". Ela permite a pressão dos eleitores, dos sindicatos, dos mercados financeiros ou ainda dos outros países. Mas tal simplicidade não é sempre eficaz. Por exemplo, um país pequeno ou médio pode ter mais de 2% de inflação (por exemplo, a Espanha) e, portanto, se beneficiar da transigência sem que isso afete o objetivo do conjunto.[18] Um déficit de menos de 3% do orçamento, não repreensível, não tem o mesmo sentido se o crescimento do país tiver sido fraco ou forte.

A literatura anglo-saxã indica que a política por regras é clássica (no sentido da escola clássica), liberal, ou mesmo passiva. A política discricionária é dita ativista, ou keynesiana (ver item 80). Estranhos nomes, pois a política por regras apela para o ativismo das partes interessadas em um debate que lhes diz respeito, mas no qual não estão diretamente representadas. Ela quer transparência, mas perde em precisão na gestão da solução: é sobretudo preventiva. A política discricionária é, antes, curativa. Ela intervém para resolver o problema, em grande parte nascido do fato de que a regra não foi seguida! Para avançar é preciso, pois, prestar mais atenção às regras, mas esclarecendo as modalidades de sua interpretação. É a discrição limitada, ou *constrained discretion*.

47 – O tempo das novas repartições: a subsidiariedade

O princípio de subsidiariedade inspira-se no sistema helvético e na doutrina católica. Visa a assegurar que a

---

18. Isso foi levado em conta na reforma do Pacto de Estabilidade, Conselho Europeu, 22-23 de março de 2005. (N.A.)

tomada de decisão seja a mais próxima possível do cidadão. Na Europa, a ação a empreender deve se justificar em relação às possibilidades oferecidas aos escalões inferiores (nacional, regional ou local, por exemplo). A União Europeia não age, então, fora dos domínios de sua competência exclusiva, a não ser quando sua ação é mais eficaz do que em nível nacional, regional ou local.

Esse princípio está ligado aos de necessidade e de proporcionalidade. Assim, a União não deve exceder o necessário para alcançar os objetivos do Tratado de Roma.[19] Ela deve privilegiar os meios menos coercivos (a diretiva em relação à ação disciplinar) e evitar entrar em legislações excessivamente detalhadas.

48 – O Estado e suas funções

O Estado exerce funções de gestão, vigilância, alocação e redistribuição de recursos. Ele deve em primeiro lugar organizar a sociedade civil, o que significa protegê-la em suas fronteiras externas (exército) e internas (polícia, justiça). Deve em seguida contribuir para melhorar o nível de vida (saúde, família, educação em geral, informação, pesquisa). Deve finalmente (sobretudo?) insuflar uma dinâmica. Para isso, ele deve criar as condições próprias para um nível de produção superior (políticas de emprego, educação, pesquisa, inovação, família), gerir as diferenças de renda e de patrimônio (políticas de distribuição), enfim, ajudar a estruturar e a proteger os territórios (política do espaço, grandes obras, ecologia).

Para serem mais eficazes, essas políticas não podem originar-se senão a partir de uma estratégia, a qual deve recensear e organizar as capacidades disponíveis (públicas, privadas, semipúblicas, mutualistas, cooperativas, associativas),

---

19. França, Alemanha, Itália, Bélgica, Holanda e Luxemburgo foram os países pioneiros que, em março de 1957, firmaram em Roma o documento que criava a Comunidade Econômica Europeia (CEE). (N.T.)

em torno de eixos maiores. Trata-se de dar um sentido ao esforço de todos, de mostrar sua eficácia, de permitir o fim acertado.

A política monetária inscreve-se, desse modo, em estratégias longas, além de participar na regulação conjuntural. O objetivo é estabilizar as antecipações de preços. A política orçamentária se efetua sob o olhar dos mercados financeiros que compram os títulos públicos e, na Europa, no âmbito do Pacto de Estabilidade e de Crescimento. O objetivo é estabilizar a dívida pública. As políticas industriais, setoriais, territoriais são exercidas sempre no âmbito das organizações que as estabelecem e que determinam as condições. É preciso evitar os excessos de subvenções, fazer respeitar as normas, uma vez que a concorrência entre Estados não pára de crescer. É preciso, portanto, selecionar e polarizar os esforços e sobretudo criar melhores condições para a ação de todos. O Estado soberano deve operar em um meio ambiente mais complexo. O Estado econômico, ou estrategista, deve reter os eixos fundamentais: competitividade, pesquisa, educação etc. Deve em seguida convencer o público de seus bons fundamentos e exercê-los da melhor maneira possível.

A situação do Estado mudou muito com o crescimento das demandas dirigidas a ele, de um lado, e a perda de seus graus de liberdade, de outro. Com efeito, uma economia nacional podia antigamente tornar mais barato o trabalho nacional pela desvalorização (com câmbios fixos) ou por depreciação solicitada (com câmbios flexíveis) de sua moeda. Isso se tornou muito complexo para grandes zonas monetárias e impossível para os países da zona do euro. Uma economia nacional podia antigamente se proteger por normas ou subsídios, o que se tornou praticamente impossível no âmbito europeu e limitado no contexto mundial. Ela podia anteriormente estimular seu crescimento através da criação de moeda, arriscando-se a um aumento da inflação, e através do déficit orçamentário, arriscando-se a um aumento na dívida. Mas todos esses graus de liberdade (preço, déficit público, dívida pública, taxa de câmbio) não param de se restringir, se é que não estão desaparecendo. Encontram-se de agora em diante em um nível superior, o da Europa, onde sua atuação é mais delicada. Os preços são padronizados em toda parte, assim como o déficit público, a dívida pública, o câmbio ou os subsídios.

Então, se nada for feito nos domínios onde a ação pública é possível (educação, pesquisa, concorrência, gestão do setor público e do orçamento, notadamente) e de acordo com as modalidades que permanecem disponíveis, e se nada for bem feito, o emprego e a valorização das empresas é que pagarão. São os únicos "graus de liberdade", mais exatamente os ajustamentos, que vigorarão! O desemprego aumentará, a Bolsa cairá.

Compreendem-se as dificuldades do Estado estrategista quando a questão é acelerar o ritmo das reformas em um universo com mais restrições, no qual muitas de suas ações se inscrevem em planos europeus (diretivas) ou internacionais (por exemplo, em relação às trocas) e no qual as prerrogativas que lhe restam são frequentemente compartilhadas com outros. O Estado terá de pensar mais em termos de alianças com outros, de responsabilidades compartilhadas em domínios bem escolhidos. Ele terá sempre que explicar mais o que faz e com quem.

49 – O imposto, por quê?

O imposto é uma cobrança compulsória das coletividades públicas, não somente do Estado, exercida sobre as empresas e as famílias. Destina-se a dar às autoridades os meios de seguir suas estratégias, para sustentar um crescimento mais duradouro e equilibrado a médio prazo.

O imposto é uma cobrança exercida sobre a riqueza de hoje. É uma realidade, independentemente de quem paga (empresa ou pessoa física), de sua base (renda, lucro, terrenos, locais, ativos financeiros) ou de seu "modo de fabricação" (imposto fixo, proporcional, progressivo, com franquia ou abatimentos etc.). No mínimo, para que ele cresça, é preciso que se instaure um clima de investimento. A economia deve ser segura e bem gerida (exército, polícia, justiça); o capital humano enriquecido, conservado (educação, pesquisa); o espaço, estruturado (coesão social, infraestrutura, meio ambiente).

Para grandes massas, o imposto (em termos mais técnicos: as cobranças obrigatórias) serve primeiro para cobrir as despesas públicas gerais (educação, defesa, justiça, encargos da dívida) e o custo dos bens públicos locais, o que corresponde à sua função de gestão da sociedade. Compete-lhe em seguida contribuir para gerir os problemas de saúde, de desemprego e de aposentadoria. Tem finalmente uma função de redistribuição. A parte progressiva do imposto (imposto sobre a renda, sucessões, sobre a fortuna) financia, assim, as despesas de redistribuição: auxílio para moradia, subvenções às famílias e renda mínima.[20]

Em uma situação em que o crescimento econômico é moderado (e, portanto, a progressão da base fiscal é limitada), a concorrência fiscal é forte (entre países, mesmo na Europa, e entre regiões de um mesmo país) e as necessidades são sempre crescentes, é necessário fazer escolhas. O imposto corresponde ao serviço desejado? Como ter certeza de que ele é eficaz? Temos um imposto justo, ou melhor, o exato imposto necessário para assegurar o máximo de crescimento e emprego por um longo período?

Temos um imposto justo, ou seja, aquele que recolhe mais dos que podem contribuir, mas sem contudo suscitar efeitos perversos excessivamente importantes? Ou será que há lógicas mais problemáticas em jogo: grupos de pressão, influências territoriais ou organizacionais, ciclos políticos? O imposto não estaria desviando recursos que poderiam ser empregados pelos atores privados (efeito de evicção)? Não freia a atividade econômica privada ao dissuadir alguns de criar mais riquezas? É o famoso adágio "O imposto mata

20. Os níveis mínimos de renda que o Estado julga necessário prover aos cidadãos, no caso da França, o RMI, *revenu minimum d'insertion* [renda mínima de inserção]. (N.T.)

o imposto", mostrado na curva de Laffer[21], em que, a partir de uma certa taxa de arrecadação sobre a riqueza, esta não cresce mais. Ele não faz com que assalariados partam para o exterior, assim como investidores e empreendedores? Não os incita a obter ganhos de produtividade locais, em detrimento do emprego, para instalar em outro lugar suas novas fábricas?

50 – Os serviços públicos

Os serviços públicos têm três missões:
– permitir "uma utilização eficaz e equilibrada, no espaço e no tempo, do território e dos recursos comuns, também nesse caso em escala nacional ou europeia"[22];
– contribuir para a coesão social (na França, assim como no resto da Europa, o correio passa regularmente em todas as casas);
– lutar contra a exclusão (uma linha telefônica simples será acessível a todos, qualquer um poderá receber a correspondência básica).

Vê-se o que tais missões acarretam: políticas distributivas ligadas às diferenças entre preços e custos – em outras palavras, subvenções. Seu princípio é evidentemente admitido, pois nenhuma comunidade econômica pode funcionar se ela não for também social. Ao mesmo tempo, o respeito por essas diferentes missões dá origem à sua moralidade e sua eficácia.

A moralidade em primeiro lugar: não se trata de beneficiar todos os atores com todos os provimentos, pois as

---

21. Com a curva que leva seu sobrenome, o economista americano Arthur Laffer demonstrou a relação existente entre as alíquotas do imposto e a arrecadação tributária, revelando que, em certas situações, um corte de impostos pode aumentar a receita tributária. (N.E.)
22. Élie Cohen e Claude Henry, *Service public, secteur public*, relatório do CAE, no 3, 1997. (N.A.)

subvenções provocariam déficits operacionais e aumentariam indevidamente as desigualdades de situação. Eis-nos diante de nosso querido passageiro gratuito (ver item 51).

Em seguida, a eficácia: os serviços públicos provocam uma utilização de recursos que escapa à lógica do mercado, contendo a ideia de sustentar o crescimento e o emprego criando efeitos externos positivos (externalidades). Essa saída temporária do mercado, para reforçá-lo em seguida quando ele puder funcionar, é o fundamento de tais serviços, mas também seu risco. Uma transgressão que deve ser controlada, se não se quiser que vire pretexto para desvios de recursos.

É por essa razão que a missão do serviço público deve ser estabelecida, testada, avaliada e eventualmente revista, sabendo-se que não tem a ver necessariamente com a propriedade pública da empresa. Assim, nada é mais essencial ao homem do que a água, e mesmo assim ela chega, na França, graças a concessões de serviço público, e há várias décadas! É essa a ideia que deve ser desenvolvida com a abertura à concorrência dos monopólios públicos na Europa, com a obrigação de exprimir com exatidão as missões do serviço público. Torna-se então possível estabelecer seus custos e modulá-los, tanto na baixa quanto na alta, com transparência e equidade.

51 – O carona

O carona – free rider, *em inglês;* passager clandestin, *em francês – aproveita as lacunas do sistema de cobrança e de vigilância. Obtém então provimentos sem pagar o preço (no ônibus ou no metrô, por exemplo), ou sem ter direito ao benefício (o seguro-desemprego, por exemplo).*

É preciso que os poderes públicos, ao adotarem medidas fiscais e sociais, se preocupem em evitar ao máximo esses comportamentos perversos. Eles reduzem a eficácia das medidas tomadas ao desviarem-nas dos objetivos, ao mesmo tempo em que suscitam reações negativas por parte dos que cumprem suas obrigações. O carona viaja às expensas do "rico", que contribui, e do "pobre", de quem desvia a ajuda em seu próprio benefício, reduzindo-a, portanto.

52 – Regular a concorrência

A concorrência pode conduzir ao monopólio se não se vigiar a evolução do setor e se não se administrar o oligopólio na ocasião das fusões, o que significa regulação e ajuste, pois a existência de empresas de maior porte é com muita frequência desejável. Elas têm condição de desenvolver programas de pesquisa mais ambiciosos, realizar investimentos mais importantes, assumir riscos superiores. Mas as empresas de porte excessivamente grande podem fechar o mercado às inovações e aos recém-chegados. Elas podem contribuir para prolongar indevidamente a vida de certos equipamentos, até mesmo de certas patentes. Em suma, podem frear o crescimento e o desenvolvimento.

Evidentemente, tal regulagem é complexa, notadamente no caso de fusões. Trata-se de saber até onde é preciso ser muito grande – em outras palavras, em que momento as vantagens obtidas, em inovação e em produtividade, por um porte superior podem ser ultrapassadas pelos "abusos de posição dominante". O órgão regulador deve, pois, levar em consideração as forças que impulsionam a atividade, por um lado, e o espaço da concorrência e o mercado no qual elas agem, por outro. O risco é conceder excessiva atenção ao mercado de sua jurisdição, por ele julgado obviamente pertinente, no momento em que a indústria se globaliza. Ele freia a aliança que um outro órgão regulador, situado em um mercado mais amplo, teria aceitado, ou que um terceiro, adotando uma óptica mais mundial, teria visto como benéfica para todos e, portanto, para o mercado local.

Os jornais estão cheios de notas sobre "empresas líderes" e a política de concorrência. Necessita-se de "empresas líderes", necessita-se vigiá-las. A política de concorrência deve enxergar a médio prazo. Se é praticada apenas em benefício dos consumidores atuais, eles certamente terão preços baixos, mas o crescimento do setor ocorrerá em outro lugar. A Bolsa sanciona as empresas de um mercado especialmente vigiado. Em algum momento, elas serão compradas. Em compensação, se a política de concorrência não for suficientemente eficaz, ela permitirá lucros excessivos em detrimento dos consumidores. Poderá alimentar investimentos ineficientes, aventurosos demais ou desproporcionados. Regulação, sempre.

No caso europeu, a grande maioria dos julgamentos a respeito de concorrência é aceita. Mas conhecem-se os casos infelizes de fusão proibidos: Schneider-Legrand ou Péchiney-Alusuisse-Altran.[23] Teriam sido criados dois grupos europeus de tamanho mundial. Algum tempo depois, a Altran comprou a Péchiney...

O exame dos apoios fornecidos pelo Estado (subvenções, perdão de juros, de taxas ou de dívidas, especialmente) é um outro componente da política de concorrência, na medida em que tais medidas podem distorcer o jogo normal. O juiz da concorrência examina também as subvenções às regiões atrasadas, os programas de formação de mão-de-obra ou de pesquisa, os incentivos às PME [pequenas e médias empresas], a proteção do meio ambiente e finalmente, claro, as ajudas às empresas em dificuldade (como a Alstom). Regulação, sempre.

53 – Proteger o consumidor e o investidor

Proteger o consumidor é organizar uma rede de regras, garantias, seguros, acrescidos de sanções, para que ele possa consumir da melhor maneira possível. O mesmo se passa com o investidor, o tomador de empréstimo ou o

---

23. A fusão dos conglomerados franceses Schneider Electrice Legrand criaria uma das maiores empresas de fabricação de componentes elétricos. Já a fusão do grupo francês Péchiney com o canadense Altran e o suíço Alusuisse daria origem a uma gigante do alumínio. (N.E.)

emprestador... Cada agente econômico deve permanecer vigilante, sabendo que nem sempre pode se remeter à lógica amorosa do ofertante de cerveja (ver item 2). Vigilante, mas não desconfiado nem angustiado.

As condições de criação dos produtos, a informação aos consumidores, o tempo de decisão antes de colocar no mercado etc. devem ser indicados com exatidão. É preciso evitar que o comprador seja apanhado na armadilha de um sistema desigual. Ele incorreria em riscos monetários e pessoais e poderia (no mínimo) reduzir sua propensão a consumir.

Proteger o consumidor é dar-lhe as melhores condições para comprar, consumir, contratar e, portanto, incitá-lo a consumir mais. Compreende-se que as negociações possam ser complicadas entre representantes dos consumidores, empresários e poderes públicos. Os primeiros falarão de influências excessivas, de pressões, até de má-fé; os segundos, de informação sempre disponível, de maturidade necessária, de custos suplementares em detrimento do crescimento e do emprego. E o poder público, cada vez mais situado em nível europeu, deve arbitrar.

No cerne desses debates estão a assimetria da informação e as dinâmicas de concorrência. Assimetria de informação é o fato da empresa tender a falar na sua língua e o consumidor não conseguir escutar tudo, compreender tudo, decifrar tudo. Mas proteger o consumidor é colocar em risco a empresa local e seus funcionários, ou então frear a empresa-líder de amanhã, ou ainda excluir do mercado a empresa de um outro país? Sobre tais assuntos não se pode chegar com soluções prontas, sem discussões nem transparência. É preciso desenvolver as ações de informação, de reclamação simples e rápida (internet), insistindo em procedimentos amigáveis, suspeitando da judicialização da economia. É preciso desenvolver um clima de confiança.

54 – A política monetária, seus objetivos e suas regras

A política monetária diz respeito à ação das autoridades monetárias para regular o financiamento da economia

e obter o mais alto nível de crescimento não-inflacionário.
Essa política supõe uma precondição, a independência do Banco Central. Os dirigentes não devem ser submetidos às pressões dos poderes políticos. Sua credibilidade está em jogo, donde sua eficácia. Suas decisões se inscrevem, assim, em uma perspectiva longa.

A política monetária requer em seguida objetivos explícitos (ver item 46). Para o BCE, Banco Central Europeu, "o objetivo principal... é manter a estabilidade dos preços".[24] Ela o define por um nível de inflação inferior a 2% a médio prazo, mas próximo dessa cifra. Esta regra central é acrescida de objetivos intermediários. Para o BCE, serão o pilar econômico – as condições do crescimento – e o pilar monetário – a saber, as progressões da base monetária e do crédito.

Mas o BCE acrescenta, logo depois de especificado seu objetivo central: "Sem prejuízo do objetivo de estabilidade dos preços, [ele] leva seu apoio às políticas econômicas gerais dentro da Comunidade, tendo em vista contribuir para a realização dos objetivos da Comunidade, tais como definidos no artigo 2 do Tratado". O artigo 2 do Tratado de Roma estipula: "A Comunidade tem por missão, através do estabelecimento de um mercado comum, de uma União econômica e monetária, e, através da adoção de políticas ou de ações comuns (...), promover o desenvolvimento harmonioso e equilibrado das atividades dentro do conjunto da Comunidade, o crescimento duradouro e não-inflacionário respeitando o meio ambiente, um alto grau de convergência das performances econômicas, um nível de emprego e de proteção social elevado, o avanço do nível e da qualidade de vida, a coesão econômica e social e a solidariedade entre os Estados membros".

Para o FED (Federal Reserve System), a partir de 1913, trata-se de "promover efetivamente os objetivos de nível de

---

24. Protocolo sobre o status do sistema europeu de bancos centrais e do Banco Central Europeu. Ver *JO C* nº 191 de 29 de julho de 1992. (N.A.)

emprego mais alto, estabilidade de preços e taxas moderadas a longo prazo".

Para pôr em ação tais estratégias, em função desses objetivos, a política monetária dispõe da dupla arma das palavras e das taxas. As palavras, para esboçar o futuro previsível (dezoito meses, por exemplo) e orientar as expectativas. As taxas, para reforçar ou reduzir as condições de refinanciamento dos bancos e inflectir suas políticas de crédito. O Banco Central irá modificar as condições de alimentação da liquidez dos bancos segundo frequências semanais (para períodos de duas semanas) e mensais (para períodos de três meses). É assim que ele executa sua função, enviando sinais.

De modo constante, o BCE explica suas análises, suas escolhas e suas ações diante do Parlamento europeu, em diversas apresentações ou conferências. Mas, da mesma forma que o FED, não pode escapar das críticas dos que o querem mais duro – mais "falcão" (*hawk*), segundo a palavra dos mercados financeiros – ou dos que clamam por um comportamento mais compreensivo, mais "pomba" (*dove*).

55 – As condições monetárias e o câmbio

Os dois limites da política monetária são a credibilidade interna, para inflectir os comportamentos privados e públicos (os déficits), e a influência externa sobre os câmbios. A combinação das taxas de juros e das taxas de câmbio determina o que se chama de condições monetárias. Por exemplo, se as taxas sobem e o câmbio também, o endurecimento se torna ainda mais forte. Mais do que o desejado? As políticas monetárias são, pois, delicadas, tanto pelos sinais que captam quanto pelas mensagens que emitem e pelos instrumentos que empregam.

Em termos de sinal, os bancos centrais adotam como objetivo regular a evolução dos preços a médio prazo. Não é fácil: além dos movimentos da conjuntura, choques podem se interpor. A taxa de câmbio pode cair (por exemplo, o euro em relação ao dólar) e conduzir à "importação de inflação".

Mais ainda, o preço do barril de petróleo pode aumentar, o que provoca mais diretamente o mesmo efeito. O Banco Central vai advertir sobre esses riscos e conclamar todos os atores à vigilância: tais altas devem ser temporárias e absorvidas pelos ganhos de produtividade. Elas não devem "se transferir" para os salários e criar uma espiral salário-preço. Em outras palavras, o Banco Central deverá intervir e aumentar as taxas de juros, pondo em risco o crescimento e o emprego. Em termos de mensagem, qualquer banco central vive sob a pressão dos mercados financeiros. Eles costumam desejar um crescimento mais acentuado, portanto, estímulos mais claros, mas sempre dentro de um contexto que deve permanecer não-inflacionário. Criticam frequentemente o Banco Central por estar atrasado (*behind the curve*) em suas decisões. Nunca estão contentes!

Em todos os casos, a política do Banco Central é jamais se deixar transformar em instrumento dos mercados financeiros, mídias ou até dos políticos. Tem de mostrar o máximo de transparência a respeito do aspecto no qual baseia suas escolhas. Também nesse caso há uma tendência a regras (*rules*), sabendo que a *discretion* o coloca mais ainda sob a pressão direta dos mercados (ver item 46). Caso contrário, haveria o risco de aumento da flutuação dos valores (taxa de juros, taxa de câmbio e índices das Bolsas), prejudicial ao crescimento. Na realidade, nenhum Banco Central se fixa inteiramente no campo da *rule*, pois nesse caso ele seria uma simples caixa, nem no da *discretion*, senão ele seria uma caixa totalmente preta. Trata-se de uma questão de dosagem ou, se quisermos, de *discretion* forçada no uso da *rule*!

A verdadeira diferença entre o FED e o BCE não tem origem em objetivos escritos, na realidade semelhantes, mas nas economias que eles administram. O FED dirige os Estados Unidos, entidade antiga, homogênea, poderosa, reativa aos sinais do mercado, notadamente às taxas de juros de curto prazo. É uma economia em que as aposentadorias dependem dos fundos de pensão, portanto da Bolsa, em que os seguros-desemprego duram algumas semanas e na qual, portanto, a reatividade dos salários ao desemprego é forte.[25] A Europa é uma organização recente, complexa, diferenciada, ainda pouco reativa aos sinais dos mercados, onde as taxas de curto prazo são menos influentes do que as de longo prazo, onde os sistemas de aposentadoria funcionam em certos países por capitalização, em outros por cotização, e na qual os seguros-desemprego duram vários meses. Os Estados Unidos são uma economia de mercado, a Europa quer continuar sendo "uma economia social de mercado" e, portanto, tornar-se outra vez "altamente competitiva".[26]

A mensagem dominante da política monetária é principalmente estrutural. Diz respeito às antecipações de preço, o famoso "em torno de 2%". Cada vez mais conhecida e confiável, espaldada nas aberturas dos mercados de bens e serviços, pretende estimular a produtividade e a competitividade e conceder, assim, com o tempo, mais eficácia à ação monetária.

Acrescentemos que a política monetária americana é completa: o câmbio é apreciado (eventualmente inflectido) pelo Tesouro (ver item 63), o braço político, e o ajuste técnico é feito pelo FED. Para o Eurogrupo[27], somente a partir de janeiro de 2005 passou a existir um organismo político encarregado de falar do euro. Desejamos que ele o faça mais.

---

25. Quando a taxa de desemprego aumenta, a tendência é de desaceleração dos salários nominais (curva de Lipsey). Quando os salários decrescem, a tendência é de que os preços desacelerem também. Por transitividade, há, pois, relações entre a taxa de desemprego e a taxa de inflação (curva de Phillips). (N.A.)

26. "A União trabalha para o desenvolvimento duradouro da Europa fundado no crescimento econômico equilibrado e na estabilidade de preços, em uma economia social de mercado altamente competitiva que tenda ao pleno emprego e ao progresso social, e em um nível elevado de proteção e melhoria da qualidade do meio ambiente" (art. I-3 do projeto de Constituição, atualmente "emperrado"). (N.A.)

27. Fórum informal da zona do euro. (N.T.)

56 – A política orçamentária e seus objetivos

A política orçamentária diz respeito à ação das coletividades públicas, tanto em termos de recursos (contribuições obrigatórias) quanto de despesas.

A curto e médio prazos, a política orçamentária funciona alternando as contribuições e as despesas, para mais ou para menos. Assim, ela faz funcionar um conjunto de multiplicadores, de consumo ou de investimento. Por exemplo, se o imposto sobe, haverá menos renda disponível na economia, portanto menos consumo "potencial", depois ainda menos investimento e emprego. Proporcionalmente, se a política orçamentária decide distribuir cheques aos detentores de rendas mais baixas, ou lançar um programa de obras, irá aumentar as rendas em circulação, logo, "potencialmente", o consumo e o emprego. Tanto mais que, por sua vez, tal consumo conduzirá a novos investimentos para satisfazê-lo.

Mas as coisas nunca são assim tão simples, por isso o "potencial". Com efeito, a política orçamentária opera em economia aberta, nem todas as despesas têm o mesmo efeito, e será de fato necessário financiá-las. Assim, estimular a demanda interna através de distribuições de renda ou de grandes obras pode suscitar importações, portanto, ajudar os vizinhos, em seguida desequilibrar as trocas e chegar até a enfraquecer o câmbio. Financiar a volta à escola, a pesquisa ou uma linha de trem de grande velocidade não têm as mesmas consequências. A ajuda na volta à escola tem um efeito de "chicotada", que estimula o moral das famílias e sustenta psicologias vacilantes. Gastar em pesquisa tem um efeito de médio e de longo prazo. Fornecer ajuda para grandes obras depende... das próprias grandes obras! Algumas são muito úteis, facilitando por exemplo, a comunicação, outras pouco ou nada, se forem faraônicas. Devemos nos lembrar da década de programas de construção pública no Japão. Resultaram em grandes vias vazias, em pontes desertas, em leitos de rio... pavimentados!

Nessas condições, se as famílias e as empresas têm o sentimento de que as escolhas oficiais não vão resultar em crescimento futuro, elas concluem que o financiamento do déficit engendrado pelas escolhas se tornará problemático. A dívida pública aumenta, e mais ainda a que eles vão prever, pois o crescimento não vai acompanhar. Existe o risco de as taxas de juros de longo prazo aumentarem diante das necessidades de financiamento crescentes, com a perspectiva de crescimento medíocre. Essas mesmas famílias irão então concluir que impostos maiores lhes serão cobrados amanhã ou depois de amanhã para compensar o déficit que está sendo formado hoje. Assim, tratarão de poupar a partir de agora. Nesse contexto, diz a equivalência ricardiana, o suplemento de demanda esperado do estímulo da despesa se vê impedido... pela diminuição de demanda nascida do crescimento da poupança. Muito déficit para nada!

No fundo, a ação orçamentária inscreve-se sobretudo a médio e a longo prazo, com políticas para a família, pesquisa, grandes obras e educação, de maneira a reforçar o crescimento potencial. Em tal contexto, o déficit pode ser mais bem aceito se for compreendido como transitório.

57 – O Pacto de Estabilidade e Crescimento

O Pacto de Estabilidade e Crescimento determina a armadura e a ação orçamentária da União Europeia, ao ditar regras para o déficit e para a dívida. Assinado em Amsterdã em junho de 1999, foi estabelecido em contraponto à política monetária do BCE. Ele estipula que os Estados membros devem estabilizar seus orçamentos a médio prazo (*close to balance*), ter déficit máximo de 3% do PIB e dívida inferior a 60% do PIB, exceto em circunstâncias excepcionais. Se não forem empreendidos esforços para reduzir o déficit orçamentário para menos de 3% em dois anos, um sistema de sanções está previsto. Esse conjunto de disposições, com as do BCE, forma a *policy mix* da União Monetária Europeia, combinação de política orçamentária e política monetária.

O Pacto segue uma prática de Vigilantes do Peso, essas pessoas "fortes" que decidem emagrecer juntas, por não conseguirem emagrecer sozinhas. Na zona euro, o "peso" corresponde ao déficit e à dívida pública de cada um, que se tornam então matéria de interesse comum. A adesão de cada membro ao grupo implica que todos sejam "pesados", e também que cada um olhe o peso dos demais e ajude a baixá-lo, se necessário. É a famosa "pressão dos pares" ou *peer pression*. Para retomar a famosa trilogia europeia, trata-se de dizer quem está em falta (*name*), de levá-lo a mudar de comportamento (*shame*) e de puni-lo se nada mudar (*blame*).

O Pacto é, pois, um contrapeso, por assim dizer, para que os desvios de alguns não desequilibrem o conjunto, em prejuízo do crescimento e do emprego. Ele é uma ingerência nas contas de um país. É sempre a mesma ideia do interesse comum, uma espécie de sustentabilidade das contas públicas, ou seja, a capacidade de pagamento das dívidas sem crise.

Compreende-se que, politicamente, esse Pacto não desfrute de boa reputação, mais ainda quando diz respeito aos países mais importantes da Europa. Eles não acumularam suficientes reservas durante os anos de forte expansão e estão com dificuldade diante do fraco crescimento atual. A questão então é encontrar formas de adaptação para que cada país faça o máximo de esforços sem contudo entrar em recessão prolongada nem sofrer sanções, o que traria ainda mais dificuldades políticas do que econômicas. Mas adaptar as *rules* nunca é fácil. Por isso a ideia de se repetir uma série de explicações como se fossem desculpas pelo atraso do ajustamento: por exemplo, a Alemanha falará do custo de sua reunificação. Donde, sobretudo, a ideia de inscrever as políticas orçamentárias de cada país em estratégias de médio prazo, em função da Agenda de Lisboa, que se seguiu ao Conselho europeu de março de 2000. O Pacto pretendia fazer da Europa a economia mais dinâmica do mundo no horizonte de 2010. Ainda não chegamos lá.

58 – As políticas sociais: a saúde e a família

A família é a organização privada por excelência. A formação do casal, filhos... são escolhas eminentemente pessoais. Nem por isso as coletividades públicas deixam de desempenhar um papel nesse domínio, ajudando na constituição e no desenvolvimento das famílias (habitação, nascimentos, creches, sistemas educacionais). Tais ações são por vezes descritas como uma ingerência na vida privada, mas são essenciais para a vida em comunidade e para a reparação de certos acidentes da vida (divórcios, falecimentos etc.), sem contar o crescimento econômico e social do país.

As ações relativas à saúde implicam uma infraestrutura de oferta de cuidados (formação de pessoal, locais de tratamento), modos de financiamento de despesas (com reembolsos que combinam a parte necessariamente a cargo da comunidade com a necessária responsabilidade dos atores). Como a saúde não pode ser do exclusivo domínio mercantil, compreendem-se os riscos de estouro de orçamentos e as regulações necessárias para gerir as progressões.

As ações sobre as famílias são, sem dúvida, junto com as políticas territoriais, as que têm impacto mais importante e mais durável sobre um país. No caso, trata-se de ajudar as famílias a ter mais filhos, o que quer dizer combinar auxílios práticos (creches, transportes escolares, auxílio em domicílio) e financeiros (fiscais, bolsas, licenças de trabalho, entre outros). Quando se estudam os meios de aumentar a muito longo prazo o crescimento potencial francês, as políticas familiares figuram em primeiro lugar.

É nesse ponto que é preciso falar de políticas que assegurem rendas mínimas (RMI ou fundos de solidariedade à velhice). A RMI (renda mínima de inserção) foi criada para socorrer a pessoa ou a família excluída por tempo excessivo da vida econômica e do emprego. Uma sociedade desenvolvida não pode ser concebida sem uma rede de seguridade. É preciso ainda que tenha continuidade, mas que não crie uma armadilha de pobreza da qual seria difícil sair. É por isso que as políticas de assistência devem sempre ter em mente o retorno ao trabalho.

59 – As políticas de emprego e de educação

O emprego é a interrogação primordial em uma economia que cresce pouco, que se abre em meio a choques tecnológicos importantes. Por conta disso, as políticas de emprego só podem ser indiretas: essencialmente, trata-se de reforçar a empregabilidade dos economicamente ativos, e não de lhes encontrar empregos públicos, correndo o risco de desequilibrar as contas do Estado. A empregabilidade começa com ações muito gerais (saúde, meio familiar, educação de base). Prossegue com formações mais especializadas, notadamente em função das modificações tecnológicas. Completa-se com formações ao longo da vida inteira, em especial por volta dos quarenta e cinquenta anos de idade.

Ao mesmo tempo, melhores estruturas são indispensáveis no mercado de trabalho, com vistas a "traçar o perfil" dos candidatos, examinando precisamente suas experiências e suas competências, para decidir pela conveniência de eventuais formações suplementares, enfim, para fazê-los conseguir empregos mesmo que não correspondam exatamente a seus desejos ou aptidões. De outra forma, o risco principal incorrido pelos candidatos é o desemprego de longa duração, a espiral de fracassos, a dependência que pode conduzir à "armadilha da pobreza". O assalariado faz jus então a um conjunto de auxílios (renda mínima + apoios locais) que podem desestimulá-lo a buscar novamente um emprego, arriscando-o a uma marginalização social e humana.

Em relação às teorias dos anos 1950, a caixa de ferramentas do economista, portanto, mudou bastante. Não é mais possível decidir por um déficit orçamentário maciço, decretar empregos públicos, deixar escoar o dinheiro. É preciso dar condições aos trabalhadores de aumentar suas aptidões (treinamentos e balanço de competências: capital humano), levá-los o quanto antes a dispensar os auxílios e subvenções que lhes são concedidos para não diminuir sua empregabilidade por ficar tempo demais fora do mercado de trabalho. É preciso ao mesmo tempo reduzir os encargos que pesam sobre as empresas, notadamente em relação ao emprego menos qualificado. É preciso que o Estado nacional, e mais geralmente as coletividades públicas, passem por reformas e se modernizem, em um contexto que se tornou mais exigente. Paralelamente, é preciso que o Estado nacional ganhe margens de manobra em meio às fortes limitações monetárias (ver item 54), orçamentárias (ver item 57) e de câmbio (ver item 55). Nada disso é fácil.

60 – As políticas salariais

O salário é determinado em um conjunto de mercados no qual se comparam, por tamanho da empresa, por setor, por região, por nível de formação, por idade... as propostas das empresas e as demandas dos trabalhadores. É evidente que, se o salário ultrapassar a produtividade, não haverá oferta de emprego pela empresa, mas, em troca, investimento em produtividade ou deslocalização. É preciso, assim, que a produtividade dos trabalhadores seja boa e que os salários sejam mais proporcionais.

Falar hoje de partilha salário-lucro corresponde na realidade a uma leitura parcial. A partilha do valor agregado se faz após a devolução aos clientes (pós-produção), aos fornecedores (no ponto de produção) e às coletividades públicas (através do imposto) de uma parte significativa dos ganhos de produtividade. Para continuar a crescer e a sustentar o emprego, é preciso reduzir os encargos sobre os assalariados menos qualificados[28] e, principalmente, treiná-los. De um modo mais geral, é preciso conceber um contrato salarial com diversos componentes. O primeiro é o salário inicial, com cláusulas de revalorização até um certo nível. Prêmios podem ser concedidos em função de objetivos individuais, de equipe, de unidade de produção ou de empresa. Seus pesos seriam crescentes. Em etapas determinadas (quarenta anos e cinquenta anos, notadamente), balanços de competências e treinamentos seriam realizados. Eles

---

28. Mas o essencial é feito na França. (N.A.)

determinariam as evoluções dos salários de base e as taxas de bônus. Sobretudo, políticas de estímulo e de participação seriam sistematicamente acrescentadas. Tal combinação de salário fixo e variável, estímulo e participação, acrescidos de, eventualmente, *stock-options* e vantagens em espécie, se somaria a um conjunto de medidas fiscais específicas. O ciclo de vida do trabalhador, que determinava seu ciclo de consumo, com um salário de crescimento regular até a aposentadoria, foi fortemente perturbado. A questão agora é reconstruí-lo.

61 – As políticas de aposentadoria

A aposentadoria é o salário postergado do trabalhador. Representa um compromisso importante da sociedade para com ele. Tem a ver com o crescimento, na medida em que é ele que dá fundamento à solidariedade das gerações. Por tudo isso, a aposentadoria é incerta, uma vez que a concorrência evolui, as inovações chovem. Pagar as aposentadorias, mais precisamente comprometer-se em pagá-las, é agir no sentido de que o crescimento continue suficientemente forte, portanto de que as políticas econômicas (moeda, orçamento, educação, território etc.) integrem uma preocupação de eficácia elevada. E esse comprometimento não está ligado ao fato de que o sistema de aposentadoria funcione por repartição ou por capitalização. A repartição é a do valor agregado, supõe crescimento; a capitalização depende dos resultados e da sequência de resultados previstos, supõe crescimento.

Ao mesmo tempo, as aposentadorias devem ser regulamentadas. Seu mínimo não pode ser muito baixo. Para carreiras próximas, as de um setor não podem ser baixas demais em relação às de um outro mais bem defendido ou protegido. A aposentadoria requer uma equidade intergeracional e intersetorial forte, em especial entre os domínios público e privado, sobretudo quando as perspectivas de crescimento são mais fracas ou mais ameaçadas. A partir disso, é preciso fazer com que o essencial dos "direitos adquiridos" continue existindo, ou seja, que as condições econômicas futuras permitam cumprir os compromissos anteriores. É a coesão social que está em jogo.

62 – As ações estratégicas: pesquisa e território

O investimento em pesquisa e desenvolvimento é a despesa feita pelo Estado (pesquisa fundamental, sobretudo) e pelas empresas (pesquisa aplicada, principalmente) para melhor compreender nosso mundo e criar bens e serviços novos. Nesse contexto, a pesquisa tem a ver com a competitividade de uma economia a longo prazo.

A pesquisa é muito arriscada, pois nunca se pode saber quando e como ela vai resultar em aplicações práticas e em quais mercados. Em compensação, ao longo do tempo, as grandes economias são as que mantiveram seu esforço de pesquisa e souberam consolidar seus resultados (política de patentes nos Estados Unidos, por exemplo).

A política de pesquisa se aproxima então da política do território. Grandes pólos de pesquisa (*clusters*, conjuntos), ou especializações, no caso de níveis de investimento inferiores, reúnem laboratórios públicos e privados, empresas grandes e médias, jovens empresas inovadoras, tudo em uma atmosfera inteiramente voltada para a pesquisa e a inovação. O Vale do Silício e, mais perto da França, Grenoble ou Toulouse, são exemplos de dessa dinâmica, em plena revolução industrial (ver item 68).

63 – O câmbio e os saldos da balança de pagamentos

A taxa de câmbio descreve as condições de troca de um país ou de uma região em relação a outra, do trabalho atual e passado, das ideias, dos direitos de propriedade e das dívidas. Ela hipoteca o futuro.

O câmbio é determinado em função da demanda e da oferta de moeda nacional em relação às outras. Se o euro é mais demandado do que oferecido, ele sobe. Se ele está sendo mais demandado, é porque os diversos balanços que correspondem a categorias de trocas estão convergindo para essa posição.

O primeiro balanço é o dos bens e serviços (do comércio exterior), ao qual se acrescentam as viagens e os "invisíveis" (transações comerciais, serviços, transferências unilaterais) para se obter o balanço das transações correntes. Vem então o saldo dos investimentos diretos, físicos e financeiros e o dos empréstimos há mais de um ano para se chegar à conta de capital. Se uma economia é competitiva, ela tem um excedente comercial: ela consegue fazer entrar mais dinheiro do que sair, e a taxa de câmbio do país aumenta. Mas essa economia vai exportar capitais e também atraí-los, de maneira que sua situação final nunca estará ameaçada.

Todas as situações são possíveis: um país pode ser tanto exportador de bens quanto de capitais (a Inglaterra e a França do século XIX), ou pode ser importador de bens e exportador de capitais (França de hoje), ou então grande importador de bens e de capitais como são os Estados Unidos atualmente.

Em cada caso, o mercado de câmbio leva em conta os sinais e os movimentos dos diversos balanços. Ele analisa seus sentidos e suas dinâmicas. Ele compara, mais do que tudo. Antes do euro, o franco ficava próximo do marco, o que nem sempre o ajudava, mas dava um sinal claro. Doravante, o euro é sobretudo o ajustamento do dólar. Os mercados continuam a ver a primeira economia do mundo perder competitividade a cada mês (olhemos para o comércio exterior) e a se endividar com a Ásia para equilibrar seu orçamento, sem deterioração violenta do câmbio. E o euro sobe. Isso não vai durar... como vem sendo escrito há mais ou menos quarenta anos (ver item 70).

Capítulo V

Quando nossos guias estão distantes

Para avançar, revisitemos o que disseram os grandes pensadores dos tempos antigos, os que forjaram nossas balizas e nossas palavras, propondo-nos soluções. Vamos reagrupá-los segundo sete temas: produção e ciclos, trocas, emprego-moeda-preço, equilíbrio social e regulações, meio ambiente, complexidade e estabilização.

64 – Produção e ciclos: Smith, alfinetes nas novas organizações do trabalho

A empresa de hoje é uma cadeia de valores que se desloca em função das demandas, das capacidades de produção, em especial técnicas e tecnológicas, e das condições fiscais e financeiras. Quando Adam Smith (1723-1790) coloca a manufatura no centro do crescimento (*Da riqueza das nações*, 1767) e no seu cerne a divisão do trabalho, ele descreve uma cadeia simples, movida pela produção. "O que, em uma sociedade ainda um tanto rústica, é obra de um só homem, se torna, em uma sociedade mais avançada, o trabalho de vários." Tal lógica prossegue em organizações mais complexas, como a célebre cadeia de produção. Ela permite baixar os custos e, assim, abrir escoadouros e pagar melhor os funcionários: é o que se chamou de fordismo. O processo continua com um compromisso de qualidade e variando as produções em uma mesma cadeia (toyotismo[29]).

---

29. O *toyotismo*, elaborado por Taiichi Ohno, originou-se nas fábricas da montadora de automóveis Toyota após a Segunda Guerra Mundial. O modelo japonês de organização produtiva tem como característica principal a produção *just in time*: produzir o necessário, na quantidade necessária e no momento necessário. (N.E.)

Hoje, a empresa é uma rede de gestão de informações a partir do alto da cadeia produtiva, prosseguindo pelo trajeto das encomendas, das realizações, das entregas de produtos, das verificações. É uma rede que se internacionaliza, se desdobra, se agita. Transformada em cadeia de valores, a empresa busca as combinações mais rentáveis e principalmente as mais propícias às novas tecnologias e aos novos mercados. Hoje, a concorrência se baseia na dinâmica e no deslocamento – justamente o objeto das deslocalizações.

65 – Produção e ciclos: Marx, o trabalho produtivo em uma empresa sem fábrica nem assalariado

O trabalho é um tempo passado em tarefas cada vez mais abstratas, em troca não mais de um salário, mas de um sistema de remuneração. O trabalho é hoje sobretudo abstrato e parcial. Há mais assalariados diante de um computador do que diante de máquinas. Mais tempo é dedicado a prospectar, preparar, organizar, seguir, do que fazer diretamente. Para Karl Marx (1818-1883), o trabalho direto é a base da riqueza, pois ele tem produtividade superior a um: traz mais resultado do que custa. A diferença entre o valor do trabalho e o custo do trabalhador, a mais-valia, apropriada pelo capitalista, se torna, para seu proveito, a base da acumulação do capital e do crescimento.

Mas o que passa a ser o trabalho quando ele é somente abstrato, somente uma troca de sinais, sinais que pilotam máquinas, máquinas que obedecem dentro de vastas salas desertas? O que passa a ser a exploração, quando os trabalhadores se tornam, através de seus fundos de pensão, os principais detentores das empresas em seus países e cada vez mais em outros lugares, onde eles fazem outros assalariados trabalharem? As categorias marxistas de trabalho concreto, de trabalho direto, de exploração e divisão de classes, em função da repartição da mais-valia, estão em dificuldade. É então que ouvimos falar de "exploradores" e de "explorados", mas segundo categorias que se sobrepõem às de "ricos" e de "pobres", ou seja, desigualdades de renda e de patrimônio, ou de "decididores" e de "executantes", ou seja, de relações de autoridade, e não mais de "relações sociais de produção". E o socialismo não é mais o efeito de uma modificação revolucionária, mas de evoluções graduais.

O salário mudou também. Tornou-se um sistema de remuneração. Uma parte é diretamente entregue, uma parte pode ser mantida em contas de poupança e ser paga em dinheiro ou em tempo livre, uma parte provém dos resultados da empresa (bônus, participação nos resultados, *stock-options*), uma parte provém sob forma de aposentadorias especiais, uma outra de programas de formação ou ajudas diversas. Claro, a complexidade do sistema de remuneração (ver item 60) varia com o nível hierárquico do assalariado, mas combina cada vez mais elementos. Ela entra em uma trajetória na qual, é claro, o objetivo é receber mais hoje, mas também se tornar acionista da empresa e, cada vez mais, inscrever-se em programas de formação e promoção ao longo de toda a carreira, que tem chance de se tornar cada vez mais longa.

66 – Produção e ciclos: List, indústrias nascentes e política industrial

Uma política industrial é uma ação consciente das autoridades públicas para organizar escolhas produtivas em função dos mercados que elas decidem abrir, proteger e financiar. É preciso desenvolver na Europa uma política industrial? O que fazem então os americanos? E os chineses? Friedrich List (1789-1846) escreveu em 1840 o *Sistema nacional de economia política*. Nele, pregou o "protecionismo educador". As indústrias nascentes (*infant industries*) devem ser primeiramente protegidas, antes de poder rivalizar com as outras. "A proteção aduaneira é nossa via, a livre-troca é nosso objetivo."

Desde então, os conceitos de interesse nacional, de "serviços essenciais" (água, eletricidade, saneamento básico) vieram reforçar essa abordagem. Paul Krugman falou de "protecionismo estratégico" em um mundo de concorrência imperfeita, antes de voltar ao liberalismo, "por falta de coisa melhor".

A Europa hesita nesse domínio. Estabeleceu para si objetivos de crescimento (Programa de Lisboa) e de pesquisa (programas de apoio). Mas exibe uma lógica de concorrência para construir um amplo mercado integrado, mais do que para fazer nascer "empresas-líderes europeias". A Europa chega a olhar com suspeita qualquer política industrial, mesmo que seja batizada de "estratégia industrial" (ver item 52). Vive se perguntando se os especialistas, os políticos ou até os empresários seriam mais capazes do que o mercado de detectar os ganhadores (*pick the winners*) e as necessidades da demanda. Mais do que o erro (*pick the losers*), ela teme o apoio às potências instaladas (*back the winners*). E, contudo, o que fizeram os Estados Unidos com seus programas militares ou com a NASA? Já esquecemos que a internet deve sua origem a políticas de segurança?

67 – Produção e ciclos: Kondratieff e a "nova economia"

Um Kondratieff é um ciclo longo de crescimento econômico, essencialmente impulsionado por conjuntos de inovações. Estamos vivendo o 5º Kondratieff? A questão é muito debatida, tanto mais que o próprio conceito de ciclo de Kondratieff não é compartilhado por todos os economistas. Nikolai Dmitrijewitch Kondratieff (1892-1938) publicou em 1925 em Moscou um artigo sobre os ciclos longos na vida econômica a partir de séries de preço francesas, americanas e inglesas. Suscitou vivas polêmicas nos meios soviéticos, uma vez que não chegou à conclusão de que haveria uma crise irremediável no capitalismo. Para ele, os ciclos estariam ligados a dinâmicas internas de investimento. Em 1926, o artigo foi traduzido para o alemão. Seu autor obteve notoriedade internacional em 1935, depois que foi publicado em *The Review of Economic Statistics*. No entanto, ele foi deportado em 1930 para a Sibéria e executado em 1938.

A denominação de ciclo de Kondratieff (com duração de 25 anos) vem de Schumpeter, em conexão, segundo este último, com ondas de inovação importantes. Por muito tempo esquecido nos manuais, fez seu retorno com "o 4º Kondratieff". Corresponderia aos "Trinta Gloriosos"[30] (a expressão é de Jean Fourastier) do pós-guerra, seguidos de uma fase de depressão a partir dos anos 1970.

Talvez estejamos vivendo hoje o 5º Kondratieff, com a "nova economia". O recuo dos preços do tratamento, estocagem e transporte da informação estaria permitindo o nascimento de novas estruturas, deixando de lado as antigas, abrindo caminho para novos produtos e procedimentos, doravante sobre uma base mais internacional, para não dizer global.

A realidade dessa onda se baseia em conjuntos de inovações importantes. Elas surgiram com a nova economia, mas seu efeito sobre os preços é mais ambíguo. A alta dos preços da fase de expansão (fase A Kondratieff) foi extremamente moderada. Ela prossegue sob o efeito da difusão dos produtos em um contexto de concorrência mundial forte, de política chinesa agressiva e de vigilância das *ententes*. Não é o caso de se falar propriamente de crise, uma vez que o crescimento prossegue. Não estamos em uma "grande depressão" mundial (fase B Kondratieff), mas, sim, no meio de uma vasta redistribuição internacional das cartas. É o que se chama de "deslocalizações".

68 – Produção e ciclos:
Schumpeter e os conjuntos de inovações

Uma inovação não é apenas tecnológica. Ela pode se referir a "um bem novo", "um método de produção novo",

---

30. "Trinta gloriosos" são os trinta anos (na verdade, 28, entre 1945, fim da II Guerra Mundial, e 1973, primeiro choque do petróleo) de forte crescimento econômico experimentados pela grande maioria dos países desenvolvidos, especialmente os da OECD (Organisation for Economic Co-operation and Development). (N.T.)

"abertura de um novo mercado", "conquista de uma nova fonte de matérias-primas ou de produtos semi-manufaturados", ou ainda à "implantação de uma nova organização". Josef Alois Schumpeter (1883-1950) colocou a inovação no cerne da dinâmica econômica. Hoje se redescobre a importância de sua abordagem.

De fato, as inovações são múltiplas e vêm em conjuntos (ver item 62). Elas subvertem as características da concorrência e, portanto, da economia. Forçam a mudança para a adaptação: é a "destruição criativa". Por trás da inovação, se encontra o empresário que se lança na aventura sem uma poupança real valiosa. É ele que traz a nova economia, a dos NTIC (Novas Tecnologias de Informação e Comunicação), à espera das revoluções das biotecnologias e nanotecnologias. Ele arrisca, e o lucro remunera seus esforços e suas apostas.

69 – Trocas: Ricardo e as novas vantagens comparativas

A troca internacional permite a cada país mobilizar melhor suas capacidades. É preciso que a troca seja equilibrada e permita o crescimento do país a longo prazo. David Ricardo (1772-1823) mostrou o interesse da troca internacional entre países que se especializam. "Vinho na França e em Portugal... trigo na Polônia e nos Estados Unidos... ferramentas e outros artigos na Inglaterra" (*Princípios da economia política e do imposto*, 1871). O crescimento será mais forte se cada país se especializar em função das atividades em que forem relativamente mais eficazes, em função dos custos de oportunidade.

Também é preciso notar que os status estratégicos do vinho (ou seja, a agricultura) não são necessariamente os das ferramentas (ou seja, a indústria), e que os Estados Unidos não são somente especializados, hoje, em trigo. Houve, pois, alguma estratégia política e econômica por trás dessas evoluções. O mercado sozinho não pode levar em consideração o futuro dos povos (segurança alimentar, segurança sanitária, segurança energética, por exemplo). Ele não pode sozinho determinar as estratégias de crescimento, as políticas de apoio à pesquisa ou à flexibilização dos mercados que modelam os crescimentos e aprofundam as diferenças.

Os trabalhos teóricos fizeram múltiplos progressos nesse domínio, com as visões liberais das trocas (Hecksher-Ohlin-Samuelson[31]), os debates de inspiração marxista sobre as desigualdades de desenvolvimento, a atenção dedicada às alterações da concorrência (multinacionais, diferenciação de produtos), ou ainda à integração das tecnologias.

A dinâmica dominante no mundo é ricardiana em sua filosofia, é a abertura às trocas, porém ela é gradual e transparente na sua abordagem. Todos estão convencidos dos ganhos mútuos a longo prazo, mas também da necessidade de controles, de políticas de acompanhamento e do tempo necessário para chegar lá (ver item 90).

70 – Trocas: Rueff e o "déficit sem lágrimas" americano

O déficit externo americano representou 6% do PIB de 2005. Ele vai sempre se financiar? Jacques Rueff (1896-1978) chamou a atenção para as derivas do sistema econômico internacional. Ele propõe o retorno a um sistema de câmbios fixos (padrão-ouro, por exemplo). É, segundo ele, o único que permite um equilíbrio automático dos balanços de pagamentos. "A variação de moeda resultante, que afeta a quantidade de moeda em circulação – e, por conta disso, os níveis de preço –, restabelecerá a disparidade anterior" (*Théorie monétaire*, Plon, 1979). O mínimo que se pode dizer é que não foi seguido. Ao contrário, novas liquidezes se criaram, garantidas pelas grandes divisas internacionais, com o dólar à frente. Esses "falsos direitos", para retomar as palavras de Jacques Rueff e de Maurice Allais, são, segundo eles, capazes de desequilibrar a longo prazo o sistema.

---

31. Modelo internacional de comércio no qual a vantagem comparativa deriva das diferenças entre as dotações relativas de fatores; ou seja, os países exportam bens que utilizam grandes quantidades de fatores de produção nos quais são abundantes e importam bens que utilizam fatores de produção nos quais são escassos. (N.E.)

Não estamos mais em regimes de câmbio fixo: eles são economicamente flexíveis e politicamente geridos. O ouro não representa senão uma parte fraca e decrescente das reservas; os grandes bancos centrais têm a intenção de vendê-lo. A vigilância dos desequilíbrios é feita por intermédio de instâncias internacionais (FMI, G5, G8) e sob pressão dos mercados financeiros. Ela é muito pouco automática e bem mais política, e pode alimentar as ondas especulativas. Mantém sobretudo vantagens indevidas. Assim, o déficit americano se vê principalmente financiado pelos excedentes chineses, pelo fato desse país, de mão-de-obra muito barata, ter se beneficiado, ainda por cima, de uma taxa de câmbio fixa com o dólar (*peg*) entre 1994 e 19 de julho de 2005 (ver item 88)! Sem contar com o *peg* da Arábia Saudita, que atrela as moedas do Golfo ao dólar... mas cada vez com mais resistência. Na China ou no Golfo, uma nova fase de declínio do dólar se abre, estrutural, aos benefícios das regiões emergentes: China e Golfo.

71 – Trabalho e emprego: Ricardo e "As máquinas"

Se a taxa de desemprego aumenta, é por causa das máquinas, na substituição capital-trabalho? É preciso tributar as máquinas ou reduzir o custo do trabalho?

David Ricardo dá o título de "As máquinas" ao capítulo XXXI dos *Princípios de economia política e imposto*. Quer mostrar que os ganhos obtidos através da utilização das máquinas permitem outros empregos, sem provocar aumento de preços dos bens de subsistência. No mesmo momento, Ded Ludd conduz os operários ingleses a quebrar as máquinas que produzem meias mais baratas. Desde sempre os operários temeram que a máquina pudesse alimentar o desemprego. Desde sempre vê-se que o crescimento avança, com mais máquinas e mais empregos, mas tanto elas quanto eles mudam.

A tensão se torna mais viva quando a corrida para as máquinas é acelerada pela abertura internacional, pelas concorrências monetárias e, mais ainda, pelos saltos tecnológicos. De fato, fora os casos de concorrência desleal, as evoluções tecnológicas permitem estender o mercado de bens de consumo ou de investimento e, desse modo, o emprego. Mas isso supõe que o imposto seja moderado, que a esfera pública seja eficaz, que a formação da mão-de-obra seja assegurada. Caso contrário, o investimento deixa o país, "e esta deserção dos capitais será bem mais fatal para o operário do que a utilização, mesmo a mais custosa, de máquinas", nos diz Ricardo.

Compreende-se a mensagem: é preciso controlar os impostos, limitar os *dumpings* (monetário e social), proteger os direitos de propriedade e os direitos sociais e fazer funcionar a concorrência, capacitando trabalhadores e permitindo sua mobilidade.

72 – Trabalho e emprego: Engels e a mobilidade do trabalho

Os preços das habitações são elevados e sobem. É preciso comprar a casa própria ou é preferível pagar um aluguel elevado?

Por mais paradoxal que possa parecer, não é necessário que o operário adquira sua moradia, nos diz Friedrich Engels (1820-1895) em *A questão da moradia* (1871). Comprar a própria moradia é uma ideia pequeno-burguesa e proudhoniana. Não é boa para o proletário, uma vez que os mercados de trabalho mudam, as condições de trabalho variam. Como há instabilidade de condições de trabalho, estabilizar sua existência no espaço é fragilizá-lo. Engels prefere um mercado de moradia que funcione melhor, com uma oferta mais abundante, de compra individual ou no falanstério. Claro, ele acrescenta, não se trata de uma situação intermediária. No dia em que os proletários tomarem o poder, eles poderão eventualmente ocupar as habitações subocupadas dos burgueses. Enquanto aguardam, imobilizar-se é correr risco.

Sem chegar a esse ponto, não é forçosamente necessário estimular a compra de moradia, sobretudo para os jovens.

Vale mais a pena apoiar a construção liberando terreno e permitindo ao setor de locação se tornar mais rentável (reduzindo as taxas e os múltiplos entraves que pesam sobre ele).

73 – Trabalho e emprego: Lafargue, a preguiça é um direito?

Por que trabalhar? Por que não trabalhar menos?

É preciso trabalhar, antes de mais nada, porque não temos escolha, dizem os economistas, e sobretudo os clássicos. É a capacidade de trabalho do trabalhador que lhe dá a possibilidade de adquirir os bens e serviços que lhe são necessários e de participar assim da vida econômica, social, cultural. Contudo, a duração do trabalho pode ser modulada em função dos gostos de cada um, acrescentam os neoclássicos. Todos podem comparar o ganho que obtêm (notadamente monetário) de uma hora de trabalho suplementar com a desutilidade (como dizem os economistas) que ela suscita (cansaço, stress).

Paul Lafargue (1842-1911), genro de Marx e autor do *Direito à preguiça* (1883), nos adverte de que uma "estranha loucura acomete as classes trabalhadoras das nações onde reina a civilização capitalista... essa loucura é o amor pelo trabalho". Ele propõe então aumentar os salários, "diminuir as horas de trabalho das máquinas de carne e osso", o que faz com que sejam desligadas as máquinas técnicas, para se trabalhar menos. Nosso autor esclarece que é preciso que esses "produtos europeus [sejam] consumidos localmente... não transportados para os confins".

De fato, se o tempo de trabalho diminuir, por exemplo, passando para 35 horas, haverá mais máquinas para produzir no seu lugar e local, conforme esperado por Lafargue, mas menos emprego total e sobretudo mais stress para os que trabalham. Com efeito, haverá, por um lado, intensidade de trabalho superior para os assalariados (menos pausas, por exemplo) e, por outro, substituição capital-trabalho e importações acrescidas (e, portanto, menos emprego). O trabalho terá se tornado mais caro e mais difícil de transportar para os confins, mas não é impossível que mais trabalho resulte disso, sob forma de importações.

74 – Trabalho e emprego: Beveridge e o pleno emprego

Como reduzir a taxa de desemprego? É preciso trabalhar menos (ver item 73) ou melhorar a produtividade do mercado de trabalho?

Para responder, é preciso saber que o pai da teoria do Estado-providência é William Berveridge (1879-1963), e não Keynes. Prestem atenção para não atribuir tudo ao mesmo grande homem! Depois do sucesso eleitoral de 1945, os socialistas ingleses (Clement Attlee) pediram-lhe que levasse em frente as preconizações de seu relatório de 1942 sobre o pleno emprego. A questão na época era lutar contra os *cinco grandes flagelos*: necessidade, doença, ignorância, sujeira e ociosidade.

Para Beveridge, o desemprego é friccional. Decorre de movimentos econômicos e tecnológicos que fazem com que ofertas e demandas de emprego não se encontrem. Assim, a curva de Beveridge reúne a taxa de empregos disponíveis, de um lado, e a taxa de desemprego, de outro. Ela examina as modalidades de sua coexistência e de sua reaproximação. Desses aspectos, de que decorrem as políticas de emprego, como subvenções (seguro-desemprego) e programas de reciclagem de mão-de-obra, inclusive com lógicas de tarifação bonus-malus.

Estranha chegada, até na França, de uma palavra utilizada em seguros. Para o bom motorista, após um tempo de verificação (em inglês, o sistema bonus-malus se chama *experience rating*), o seguro do carro sai mais barato do que para o que dirige pior. A seguradora realiza uma seleção. Em relação ao desemprego, em 33 estados americanos, as empresas fazem depósitos periódicos a crédito de uma conta que pode ser debitada para gastos com empregados. No fim do ano, a empresa deve pagar o que deve: tem, pois, todo interesse em administrar melhor suas contratações, em treinar e adaptar melhor seus funcionários internamente. Ao mesmo tempo, são feitos esforços para melhorar o mercado de trabalho e as estruturas que o fazem funcionar. A verdadeira providência é uma questão de dosagem.

75 – Moeda e preço: von Mises, von Hayek e a teoria liberal austríaca

O que aconteceu com os liberais? Como eles vivem neste mundo de ajudas e subvenções, neste universo de estruturas criadas para ajudar os mercados a funcionar melhor?

A resposta é simples: nada bem. Em todos os países, os liberais criticam os entraves aos ajustamentos e ao livre jogo dos mercados, partindo do princípio de que, evidentemente, esses mesmos mercados devem ser vigiados para funcionar corretamente. Os grandes economistas liberais do século passado são de origem austríaca, como Ludwig von Mises (1881-1973) e Fiedrich August von Hayek (1899-1992). São os inspiradores dos liberais americanos, antes de Milton Friedman.

Para eles, o ponto de partida é a livre escolha dos indivíduos e a possibilidade que a economia tem de reagir rapidamente. Um consumidor livre e que se planeja, empresários livres, "conscientes da incerteza do amanhã" (Ludwig von Mises, *L'action humaine*, 1940) e responsáveis por suas decisões: eis os ingredientes do crescimento. A planificação socialista não funciona, os modelismos matemáticos dos comportamentos também não, as intervenções menos ainda.

Naturalmente polêmica, pois muito contrária às duas grandes mensagens da época, a socialista e a keynesiana, a mensagem liberal insiste na importância das escolhas autônomas e dos riscos corridos, em contraposição aos limites das ações públicas. Por muito tempo considerada radical, senão irrealista (ultraliberal), ela voltou à baila, em decorrência da evolução atual das políticas econômicas. As experiências socialistas resultaram em fracassos. As abordagens intervencionistas mostraram seus limites, exibindo efeitos perversos. Não se pode dizer que as teses liberais venceram, pois uma única interpretação teórica não seria capaz de gerir nossos mundos complexos, mas certamente alguns pontos foram marcados. As grandes regulações da moeda e, cada vez mais, dos orçamentos não podem ficar apenas nas mãos de políticos preocupados com seu futuro imediato. Instâncias de regulação independentes são doravante indispensáveis para as questões monetárias, orçamentárias, para as decisões que envolvam tarifas de energia ou de telecomunicações, ou ainda direitos de emissões televisivas. O mundo se enche de agências, de regras, de preocupação com transparência. "*Laisser faire*" não pode ser "*laisser tout faire*".

76 – Moeda e preço: Fischer e a deflação

Inflação é a alta dos preços. Ela degrada a qualidade das escolhas dos agentes econômicos. Eles podem, por exemplo, conceder com excessiva facilidade aumentos de salários, superiores aos ganhos de produtividade. Podem se endividar demais, para investir demais. O melhor é, pois, estabilizar as antecipações de preços: é o papel da política monetária independente. O contrário da inflação, a deflação, é mais perigoso ainda. A deflação deve ser vigorosamente combatida, antes mesmo de nascer.

Para Irving Fisher (1867-1947), a deflação nasce quando se pensa que os preços de amanhã serão mais baixos dos que os de hoje. Portanto, não vale a pena comprar hoje: aguardemos amanhã. Mas, como todo mundo faz igual, ninguém compra hoje: a profecia se torna autorrealizadora (ver item 63). Os preços despencam, o emprego junto. A dívida real das empresas e dos indivíduos só aumenta, o que os leva a saldá-la. Mas, para fazê-lo, precisam de margem maior, portanto ainda mais ganhos de produtividade, uma vez que os preços estão caindo. A *price deflation* conduz à *debit deflation*, o momento em que "quanto mais os tomadores de empréstimos devolvem, mais sua dívida aumenta" (*The

Debt-Deflation Theory of Great Depression, 1933), uma vez que eles provocam as próprias dificuldades: a atividade despenca, os preços baixam. É então que se precisa de medidas heterodoxas: grandes obras serão lançadas, mas será muito tarde.

Por isso a ideia atual de bloquear antecipações deflacionistas desde seu nascimento, afirmando que elas serão vigorosamente combatidas pelas autoridades monetárias. Foi assim que o diretor Bernanke (FED) causou surpresa, no dia 21 de novembro de 2001, ao falar do risco de deflação. É preciso fazer tudo para que *ela* não aconteça aqui (*Deflation: making sure "it" doesn't happen here*). E o BCE passou a indicar que seu objetivo de preço compreende um ponto baixo de inflação, em torno de 1%. Eis-nos portanto prevenidos.

77 – Moeda e preço: Kindleberger e as bolhas

Acabamos de viver uma bolha especulativa no mercado acionário ligado à internet. Por quê? Pode acontecer uma recaída?

Charles P. Kindleberger (1910-2003) é conhecido sobretudo por seu *Manias, Panics and Crashes: A History of Financial Crises* (1978), no qual ele estuda as bolhas financeiras. Sua tese é que o choque (tecnológico, financeiro, entre outros) altera as regras do jogo e as antecipações de lucro. Projetos mais importantes são então lançados, financiados sem problema pelos bancos e mercados. Eles conduzem a uma subida de preços de ativos autoalimentadora e excessiva. É o tempo da *mania*. Mas sempre acaba chegando o momento em que os *panics* aumentam. Poderemos vender amanhã, mais caro ainda, o que acabamos de comprar tão caro, e o mais das vezes a crédito? É a crise imobiliária ou das bolsas, especulativa de todo modo, com seu cortejo de *crashes* de empresas e de bancos e seus efeitos sobre o crescimento e o emprego.

A tese sobre a instabilidade recorrente do capitalismo, com suas antecipações excessivas, contraria a tese da racionalidade dos agentes. De acordo com John Muth em 1960 e Robert Lucas em 1972, a previsão dos agentes seria perfeita. O que não quer dizer que seja exata, mas fundada em leis de probabilidade seguidas pelos fenômenos observados. Um erro pode sempre aparecer, mas não sistematicamente. O agente econômico racional se dá conta, revisa seus próprios cálculos.

Mas, no fundo, não está aí o problema, pois se pode sempre admitir que todo agente econômico seja racional. O problema maior decorre das relações entre agentes, de seu jogo de concorrência e de sua impossível coordenação. Bolhas de irracionalidade são sempre possíveis. Alguns agentes extrapolam as tendências, repetem comportamentos. Acabam criando rumores que falseiam as informações (*noise trading*). E as bolhas podem nascer também de comportamentos racionais! Elas são racionais no sentido de que os mercados jamais dão um preço único a um ativo, mudando-o em função de diversas antecipações de lucro ou de tempos de revenda. Por exemplo, alguns agentes compram mais caro pensando em revender mais cedo, até se formar um movimento autorrealizador. Ele faz com que os preços subam... até começarem a cair.

A bolha das bolsas da nova economia (1998-2000) mostrou como um processo desses pode nascer, transportando-nos até os bulbos de tulipas da Holanda entre 1634 e 1637[32] ou às ações da Companhia das Índias de 1720. A informação nunca é perfeita, mesmo que esforços crescentes sejam feitos para melhorá-la, do lado da contabilidade, da transparência das empresas e da vigilância dos mercados. O risco de bolha especulativa está sempre presente.

---

32. Muitos holandeses chegaram a vender tudo que possuíam para comprar os bulbos de tulipa importados da Turquia. Formou-se a primeira bolha especulativa de que se tem notícia. O preço da flor chegou a atingir níveis estratosféricos, para depois despencar devido ao excesso de oferta, levando muitos à falência. (N.T.)

78 – Equilíbrio social e regulações:
Malthus e o número de homens

Como evoluirá o número de seres humanos? Seremos sempre mais numerosos "no grande banquete da natureza", estaremos ameaçados pela fome? É preciso regular nosso crescimento? Como?

Conhecem-se as previsões de Thomas Robert Malthus (1766-1834), autor do *Ensaio sobre o princípio da população* (1798), sobre as progressões comparadas dos homens e das produções agrícolas. "Quando a população não é contida por nenhum obstáculo, ela dobra a cada vinte anos e cresce, de um período ao outro, em taxas geométricas. Os meios de subsistência aumentam apenas segundo uma progressão aritmética." O equilíbrio é restabelecido sobretudo por virtudes morais e pelo casamento tardio.

As análises de Malthus foram amplamente criticadas por terem partido de um momento em que o crescimento demográfico era particularmente rápido e sobretudo por subestimarem os progressos técnicos na agricultura e na indústria. Tais progressos permitem alimentar uma população mais numerosa. Atualmente, o inverno demográfico ameaça mais do que a superpopulação.

Mas nem por isso esses trabalhos deixaram de chamar atenção para a necessidade de seguir as evoluções demográficas relacionadas com a evolução econômica, notadamente nos países menos desenvolvidos (planejamento familiar).

79 – Equilíbrio social e regulações:
Sauvy, dos jovens aos idosos

Como vamos envelhecer? É preciso prestar atenção no tamanho da família e desejar mais filhos? É preciso falar de idosos? Como?

Alfred Sauvy (1898-1990) sublinhou os riscos de uma população que envelhece, em especial nos países mais avançados. E "até os setores administrativos, industriais etc. são acometidos de senescência; o progresso se torna cada vez mais difícil, e as pessoas se preocupam muito depressa com a aposentadoria" (*La tragédie du pouvoir*, 1978). Alfred Sauvy propõe sustentar a demografia para permitir o crescimento, desenvolvendo uma política familiar. O objetivo é ajudar os pais, o que significa exercer uma fiscalidade que favoreça a família, oferecer serviços públicos compatíveis (creches e escolas com horários especiais, por exemplo) cada vez mais em domicílio (mão-de-obra especializada, ajuda doméstica etc.). Uma sociedade que está amadurecendo deve ter mais filhos e, mais ainda, acolhê-los.

Contudo, não é o caso de ir parar no extremo oposto, em um "lugar de jovens" absoluto. Com efeito, em um período histórico de forte extensão da duração da vida, as trajetórias de trabalho se prolongam. O que pressupõe reciclagens ao longo da vida inteira, em tutoria dos antigos aos mais jovens, empregos adaptados aos mais velhos nas tarefas penosas, formas de salário nas quais a indexação por antiguidade seja gradualmente reduzida. Nossas economias precisam ter políticas familiares, além de ações favoráveis aos mais velhos.

80 – Equilíbrio social e regulações: Keynes e a eutanásia do capitalista

Como viver em paz em um mundo de profundas desigualdades de situação?

John Maynard Keynes (1883-1946) fez a si a pergunta sobre o futuro de nossas sociedades. Conhece-se sua escolha política liberal. Inquietou-se diante do aumento do desemprego dos anos 1930, que podia enfraquecer o sistema econômico de Manchester (liberal), por ele apreciado, enquanto o sistema socialista (comunista) podia, na época, exibir melhores dias. Temia, ao mesmo tempo, o aumento das desigualdades. Keynes preferia os ajustamentos propostos pela economia de mercado, mas via casos em que eles não funcionam. É a "armadilha da liquidez", que impede qualquer efeito de uma nova diminuição das taxas de juros sobre o recomeço do movimento da máquina. É preciso, desse modo, que o Estado gaste, com a condição de que suas intervenções sejam desinteressadas e inteligentes.

Assim, para sustentar por algum tempo a atividade econômica, Keynes preconiza que se baixem as taxas de juros e de câmbio do país afetado pela dificuldade conjuntural (os outros que tratem de se ajustar!). Mais profundamente, ele não admite que o nível elevado da taxa de juros sirva para remunerar "um sacrifício que não seja verdadeiro". É então que propõe a "eutanásia de quem vive de rendas e do capitalista ocioso".

Ela afetaria os aplicadores em rendas fixas. Os aumentos das taxas de inflação decorrentes dos déficits orçamentários e/ou das desvalorizações provocam aumentos nas taxas de rendimento das novas obrigações. Um capital de 100, aplicado em renda perpétua a 4%, rende 4. Mas se, por causa da inflação, a taxa das novas aplicações passar a 5%, bastam 80 para obter uma renda de 4 (80 x 5%). O capital inicial perdeu 20% de seu valor: a eutanásia começou. Compreende-se que seja combatida!

81 – Celso Furtado e a questão da persistência do subdesenvolvimento

Celso Furtado (1920-2004) é um dos mais importantes economistas brasileiros. Ele deixou uma obra importante, na qual analisou (com o argentino Raúl Prebisch) as causas do subdesenvolvimento na América Latina. O caminho escolhido foi o de ligar a análise econômica à história. O Brasil conheceu, durante os séculos passados, períodos de crescimento rápido relacionados à demanda externa: o ciclo do açúcar (1530-1650), das minas de ouro (1700-1780) e do café (1840-1930), períodos entre os quais o Brasil conheceu uma estagnação relativa. Com a crise de 1929, o governo decidiu sustentar o preço do café (comprando e queimando os excedentes), o que sustentou a demanda interna e resultou na política de substituição de importações. Tal escolha provocou efeitos negativos duradouros na eficiência do setor agrícola e, de um modo mais geral, resultou em atraso de produtividade. Foi o que levou Celso Furtado a propor o conceito de estrutura subdesenvolvida, na qual a plena utilização do capital não basta para absorver a mão-de-obra com um nível de produtividade igual ao do setor dinâmico da economia. Assim, não se trata de estruturas retardadas, mas sim híbridas, heterogêneas. Depreende-se de tais abordagens a compreensão simultaneamente multidimensional do subdesenvolvimento (simultaneamente econômico e social) e a de suas bases econômicas. Isso explica o porquê do crescimento desses países ser acompanhado de um aprofundamento das desigualdades. Ele mostra, senão a persistência do subdesenvolvimento, ao menos a de um subdesenvolvimento "sustentável" (Clovis Cavalcanti), mesmo que a expressão possa parecer paradoxal ou chocante. Indica também a dificuldade do caminho de saída para alcançar o desenvolvimento durável.

82 – Meio ambiente: Stuart Mill e o crescimento durável

Estamos condenados ao crescimento e à concorrência? "Confesso que não me encanta o ideal de vida que nos apresentam os que crêem que o estado normal do homem seja o de lutar sem parar para sair de situações penosas" (*Princípios de economia política*, 1848), nos diz John Stuart Mill (1806-1873). Redescobre-se, com nosso último grande clássico, o estado estacionário previsto por seus predecessores, mas sem "a aversão sincera que se manifesta nos escritos dos economistas da velha escola".

Para ele, o estado estacionário é agradável e desejável. E vamos ler bem mais tarde trabalhos anunciando o fim do crescimento (pensemos nos do Clube de Roma em 1973, depois do primeiro choque do petróleo) e, cada vez mais, levando em conta suas condições ecológicas e sociais. Não se fala mais em estado estacionário, pois agora a questão passou a ser o crescimento multiforme e responsável.

83 – Complexidade e estabilização: Shannon e a análise da complexidade

Nosso mundo econômico está se tornando cada vez mais difícil de compreender, interpretar, fazer evoluir. Por quê? Como viver com a complexidade crescente que nos cerca?

Claude Elwood Shannon (1916-2001) é um dos pais da análise da informação, base da economia. Ele descreve seu nascimento com uma fonte que cria uma mensagem e a transforma para que seja transportada. Evolui para os canais onde a mensagem transita, depois para o sistema receptor, o destinatário e todas as ressonâncias que podem cercar este encaminhamento. A entropia, segunda lei da termodinâmica, equivale, para ele, a uma redução da informação. Ele propõe então sistemas de análise e de simplificação da informação, de maneira que o essencial da mensagem seja obtido e transportado, sem ser distorcido.

Tudo isso parece bem longínquo e abstrato, mas conhecemos fotos nas quais se reconhece um retrato a partir de somente uns poucos pontos. É que o essencial da informação foi obtido, e todos os pontos inúteis foram retirados. A abordagem de Shannon visa a procurar entre as mensagens, por exemplo, nas tabelas estatísticas, as que têm o conteúdo de informação mais rico. Ela permite compreender melhor os atores e seus comportamentos. Não se trata de recusar a complexidade, ao contrário. É preciso aceitá-la, pois ela vem de sociedades cada vez mais desenvolvidas, com organizações múltiplas e interdependentes. Mas é preciso também saber tratá-la para não se perder no meio dela, sob o risco de ignorar pontos mais importantes ou de subestimar a importância de pontos secundários.

Assim, a teoria da complexidade estreia nas análises econômicas. Estamos suficientemente habituados às que oferecem "seu" essencial: rendimentos decrescentes de Ricardo, exploração de Marx, armadilha da liquidez de Keynes etc., para ir além, com teorias de causalidades múltiplas, interdependentes e mutantes. Ou seja, complexas.

84 – Complexidade e estabilização: Nash, V. Smith e a gestão da complexidade

Como viver junto pacificamente? Essa questão é a que os economistas têm-se colocado desde sempre. Para os clássicos, a resposta era o papel pioneiro dos empreendedores, com as leis da concorrência que os regulavam a longo prazo. Os keynesianos respondiam... indicando que só o mercado não conseguiria resolvê-la, por isso a importância do Estado. Os liberais respondem através dos efeitos perversos. Por isso o universo misto tal como o nosso, com forças de mercado controladas por leis e regras, bem como forças políticas limitadas por agências e regras. Um único ator não tem, e nem terá, todo o poder. As hierarquias simples desapareceram.

Como funciona esse jogo cuja complexidade não cessa de aumentar, sabendo-se que nem todos os atores estão igualmente informados, embora todos saibam o que é a assimetria da informação – em outras palavras, que todos eles tentam saber o que devem dizer em função de seus objetivos? Eis-nos em situação de jogo. Frequentemente ele é não-cooperativo, por vezes por falta de informação, por oposição de interesses também. Reduzir as tensões, atribuir um papel crescente às lógicas arbitrais, valorizar finalidades superiores como o crescimento duradouro, eis como fazer avançar nosso mundo, o dos jogadores que jogam diversos jogos, às vezes em diversas equipes.

John Nash[33] trabalhou com o dilema do prisioneiro, no qual a escolha de confiança entre os dois detentos significa não confessar, mas no qual a escolha de desconfiança é confessar, ou seja, trair o outro e passar mais tempo na prisão! Os equilíbrios de Nash são estáveis e subótimos. A mão invisível dos mercados de Adam Smith deve ser guiada.

Por isso o interesse em modificar as regras e mostrar o interesse de lógicas corporativas. Por isso a concordância,

---

33. John Nash (prêmio Nobel, 1994), *Two persons cooperative games*, Econometrics, junho de 1953. (N.A.)

mesmo que raramente apresentada, com os trabalhos da economia experimental.[34] Seres humanos intervêm no processo com suas escolhas e suas apreciações do risco. Em um sistema com regras claras, o processo conduz a uma real eficácia dos mercados e a verdadeiros comportamentos cooperativos. Em um jogo de muitos, como o da economia, as oposições de interesse nunca são totais: há sempre lugar para a cooperação, ou seja, para a melhoria. Vernon nota que concorda com Adam Smith a propósito de uma "inclinação natural a todos os homens (...) para fazer trocas e barganhas de uma coisa pela outra" e com Mises, para quem "todo mundo age em seu próprio interesse, mas as ações de cada um visam a satisfazer as necessidades do outro tanto quanto as próprias. Agindo assim, cada um serve seus concidadãos."[35] Todos continuam amando a si mesmos, mas não apenas.

85 – Complexidade e estabilização: Sen e a confiança

Não pode existir crescimento econômico sem responsabilidade de todos, e não existe responsabilidade sem liberdade. Ninguém coloca melhor essas questões do que Amartya Sen. "Uma divisão de responsabilidades que resulte em confiar a uma pessoa os interesses de uma outra retiraria desta última uma dimensão insubstituível de seu ser sob forma de motivação, envolvimento e conhecimento de si. Não existe substituto para a responsabilidade individual... Admitindo-se sua primazia, o alcance da responsabilidade individual permanece contudo sujeito a caução... A responsabilidade exige a liberdade."[36]

---

34. Daniel Kahneman e Vernon L. Smith (prêmio Nobel, 2002); ver L. Vernon Smith, *Papers in Experimental Economics*, New York, Cambridge University Press, 1991. (N.A.)
35. Ludwig von Mises (1949), *Human Action: A Treatise on Economics*, Irvington-on-Hudson, Foundation for Economic Evaluation, 4ª ed., 1996. (N.A.)
36. Amartya Sen, *Un nouveau modèle économique. Développement, justice, liberté*, Paris, Odile Jacob, 2003, 371 p. (N.A.)

Essa liberdade não é somente a liberdade "positiva", que permite a todas as pessoas fazer determinada coisa. Pois "tal definição não presta nenhuma atenção particular nos fatores que explicam a situação em questão... Para dar um exemplo, se eu não posso passear livremente neste parque porque sou deficiente físico, minha liberdade positiva está comprometida... Em compensação, se eu sou incapaz de passear ali... porque bandidos me atacariam se eu me aventurasse, então iria tratar-se de uma violação da minha liberdade negativa." Esta abordagem chama atenção para o triplo fundamento das reformas: a liberdade (a capacidade de criar, em um espaço seguro), a responsabilidade (a obediência às regras de *governança*) e a confiança. É desse modo que atravessaremos o parque do crescimento e do emprego. Inútil assinalar a importância dessas teses nestes tempos de terrorismo.

Capítulo VI
Quando surgem nossas novas palavras

Para situações novas, palavras novas. Elas são os signos, as defesas, os projetos.

86 – Globalização

A globalização traça a evolução da economia mundial sob o triplo efeito da técnica, das finanças e da informação. A técnica, pela diminuição dos custos de transação, permite trocas internacionais em uma escala mais ampla. As finanças, que levam à procura de maior rentabilidade, fazem com que novos territórios sejam explorados e ligam-nos em tempo real. A informação e a comunicação fazem com que as situações de crescimento e de riqueza de cada um sejam cada vez mais conhecidas por todos os outros.

Por conseguinte, as estruturas de produção não param de aumentar de dimensão (economias de escala), sob a pressão cada vez mais forte das redes de venda (economias de escopo). Segue-se também que os processos de deslocalização (de indústrias e de serviços) se aceleram. As revoluções tecnológicas mudam mais rapidamente as situações. Elas acentuam os contrastes e aumentam as precarizações.

Ao mesmo tempo, a globalização mostra que nosso mundo está em movimento. A China, que nos inquieta por estar nos alcançando, é também a que está saindo de uma pobreza de massa, como a Índia e Bangladesh. A globalização é também a capacidade de um número maior de pessoas progredir. Ela supõe, pois, que os mais desenvolvidos continuem a mudar para garantir seu progresso e sobretudo que compreendam o interesse dos escoadouros que se abrem desse modo para eles, precisamente para manter seu progresso.

87 – Emergentes

Os países emergentes são o novo dado da economia mundial. Muitos deles eram, há apenas alguns anos, qualificados como "subdesenvolvidos". As teorias dominantes da época eram as dos bloqueios e da recuperação. Atualmente, com a globalização, com o conhecimento das práticas adequadas, com os avanços tecnológicos, deslocalizações e com a abertura crescente desses países, modificações consideráveis ocorreram. Assim, são os BRIC (Brasil, Rússia, Índia e China) que explicam hoje a maior parte da aceleração do crescimento mundial. China, Índia e Brasil são os postos avançados das produções competitivas. A Rússia, junto com os outros países petrolíferos, além da China, são os países que acumulam mais reservas. Eles financiam os Estados Unidos, ao mesmo tempo em que funcionam como amortecedores em caso de desaceleração importante do crescimento mundial. Os emergentes de hoje são, como se vê, decisivos no contexto de um novo crescimento mundial. Eles poderão vir a ser líderes amanhã... se fizerem as escolhas certas.

88 – Altermundialismo: Davos e Porto Alegre

Essa palavra recente, que cerca a data da queda do muro de Berlim, reflete a globalização de nossa economia e uma reação relacionada a essa evolução, julgada excessivamente neoliberal. A partir de reações locais, e segundo filosofias variadas, um movimento altermundialista está sendo esboçado. A economia deve pelo menos compreendê-lo. Seus componentes são múltiplos, de uma releitura de Marx após a queda do comunismo no Leste à preocupação assumida com a preservação do meio ambiente, passando pela guerrilha do Chiapas em 1994. Em termos políticos, a reunião de Porto Alegre marcou uma transformação, com a passagem da antimundialização à altermundialização, uma vez que proposições passaram a ser feitas. Desde então, Davos (reunião dos "ricos") e Porto Alegre começaram a dialogar.

O altermundialismo se tornou uma congregação de aspirações muito diversas, políticas, sociais, religiosas. Nesse sentido, ele é para alguns "o" movimento de emancipação do século, a prefiguração das novas redes de nossa sociedade. Ao mesmo tempo, é mais um movimento de influências do que de tomada de poder. Apresenta um conjunto de questionamentos e de demandas às quais é preciso responder. Para além dos grupos políticos radicais, o movimento formula perguntas sobre a paz no mundo, as condições de trabalho (trabalho de crianças, capacitação de trabalhadores nos países menos avançados), troca (comércio equitativo), de desenvolvimento (investimento socialmente responsável) e sobre a exploração da natureza (desenvolvimento sustentável).

Ele conclama também engajamentos internacionais a respeito de comércio (acesso aos mercados dos países desenvolvidos, acesso a certos medicamentos genéricos, capacitações, parcerias). É aqui que se encontram as ideias para, de um lado, reduzir os distúrbios e os riscos (a taxa Tobin pretende incidir sobre os próprios movimentos especulativos a fim de freá-los) e, de outro, moralizar as relações mundiais (taxa sobre armas, observação de certos países "opacos" etc.). Claro, tudo isso é diverso e complexo. Mas integrar também faz parte de nosso desenvolvimento pacífico, contribui para abrir pistas para o crescimento econômico. Evidentemente, nada disso será fácil.

Assim, o Fórum "de Porto Alegre" de 2006 foi em Bamako, o de 2007 em Nairóbi. Em 2008 não houve Fórum, e o de 2009 deverá ser em Belém. Eles dão o que falar, cada vez mais. Enquanto isso, o Fórum de Davos de 2007 abordou o tema da mudança das relações de força no mundo (*The Shifting Power Equation*) e, para 2008, os efeitos positivos que se poderia esperar dessas novas interdependências (*The Power of Collaborative Innovation*).

89 – Zonas monetárias, euro, dólar e *peg* do yuan

A economia mundial passou a conhecer duas zonas monetárias de fato, o euro e o dólar, desde o nascimento do euro.

Deve-se a Robert Mundell a teoria das zonas monetárias ótimas, que afirma que as economias que comercializam muito entre si têm interesse em funcionar com uma moeda comum para reduzir seus custos internos de transação. No entanto, isso supõe que os fatores de produção, capital e trabalho, dentro dessa nova entidade, possam circular facilmente. Não há moeda única sem mercado único, salvo incorrendo em risco de desemprego, sabendo-se que na Europa há livre circulação de capitais e que ela estabelece para seus membros um objetivo interno de preços. Ela não pode, desse modo, ter câmbio fixo (é o "triângulo de incompatibilidade de Mundell").

Porém, tudo isso só vale se as outras zonas monetárias não tiverem a possibilidade de agir sobre suas taxas de câmbio. O que não é o caso dos Estados Unidos, em decorrência de sua aliança com a China. Como a moeda chinesa esteve ligada ao dólar por um *peg* (um vínculo fixo) de 1994 a julho de 2005, os excedentes do "balanço de base" (balanço de transações correntes + balanço de capitais de longo prazo) chinês resultaram em compras de títulos da dívida americana. Eles causaram flutuação (lenta) Do dólar em relação apenas ao euro, ao mesmo tempo em que as autoridades chinesas começavam a dispor de suas divisas... comprando euro.

O mundo econômico no qual vivemos, formado por três zonas caracterizadas por três crescimentos (Europa a 3%, Estados Unidos a 4% e Ásia a 8%), encontra-se diante de um mundo monetário de duas zonas, onde o euro é o ajustamento do dólar. Essa situação não é a indicada para o crescimento de todos, mas para a Europa em particular. A recente decisão das autoridades chinesas (final de julho de 2005) de vincular o yuan a um cesto de divisas e de fazê-lo subir 2% é um primeiro passo, tímido, na boa direção: três zonas, três moedas.

90 – Os G: G5, G7, G8...

Como prova da complexidade do mundo, as reuniões internacionais são cada vez mais frequentes e importantes.

Em 1985 nascem o G5 (Alemanha, Estados Unidos, França, Japão e Reino Unido), para coordenar as políticas econômicas, e o G7, com o Canadá e a Itália. O G8 acrescenta a Rússia para falar sobretudo de política. O G11 reúne os países da América Latina (grupo de Cartagena). O G20 promove a estabilidade financeira. O G23 reúne os países do Sul para defender seus interesses agrícolas. O G24 reúne os países em desenvolvimento e o G77 organiza a cooperação de todos (eles são 134 atualmente).

Por trás dessas grandes reuniões progridem grandes ideias: crescimento anteontem, crescimento e estabilidade hoje, crescimento duradouro e compartilhado amanhã, crescimento e biodiversidade depois de amanhã. É preciso aceitar o tempo necessário a essas maturações, com o desenvolvimento de instrumentos e estruturas que permitirão dominá-las.

91 – OMC

A Organização Mundial do Comércio (OMC) é a organização internacional que cuida das regras que regem o comércio entre países. Os acordos da OMC são o cerne dessa instituição. Eles são negociados e assinados pela imensa maioria das potências comerciais do mundo (148 países) e ratificados por seus parlamentos. O objetivo é ajudar os produtores de mercadorias e de serviços, os exportadores e os importadores a realizar suas atividades em um contexto mais favorável para os consumidores, para o emprego e para o crescimento duradouro decorrente da redução gradual de diversas barreiras aduaneiras.

A OMC é complexa e lenta, mas ela julga. Esse ponto, essencial, é frequentemente esquecido (salvo pelos Estados Unidos). Mas ele permite tratar os desacordos por intermédio da troca de ideias, porque o recurso ao julgamento é possível. A credibilidade da organização decorre desse aspecto, e por isso sua eficácia. É por essa razão que o conhecimento das regras do jogo e dos procedimentos da OMC é decisivo se quisermos que o processo de abertura seja ao mesmo tempo globalmente positivo e equilibradamente repartido.

92 – Europa e Américas

A Europa é a segunda potência do mundo, uma potência em construção. É, pois, a primeira vez que uma economia é criada em meio à paz, pela reaproximação de economias nacionais. Isso supõe objetivos comuns (crescimento elevado com um pacto claro), uma estratégia de conjunto, regras e procedimentos compartilhados. Mas nada disso funciona ilimitadamente nem sem efeitos perversos.

A construção europeia mobiliza palavras novas (pressão dos pares, ver item 57) ou renovadas (subsidiaridade, ver item 47). Sobretudo, ela atribui uma importância nova aos termos que dizem respeito à organização dos mercados (concorrência, ver item 52), às políticas econômicas (moeda, ver item 55; orçamento, ver item 56), com configurações cada vez mais complexas. O preço a pagar é talvez um menor crescimento, efeito de uma curva J particularmente longa em sua faze inicial (ver item 97). Ao mesmo tempo, a Europa aumenta a resistência de sua economia a choques, o que se chama de resiliência, e que lhe permite concretizar as reformas. Mas trata-se de um lento trabalho, difícil de "vender" a populações ora inquietas, ora impacientes. Todas têm de se adaptar a um mundo novo, em um novo contexto. É por essa razão que o Mercado Único é a base econômica da Europa, com as economias de escala (ver item 18) que, notadamente, ele permite e, portanto, com os ajustamentos ou mesmo flexibilidades que ele requer. Uma "economia social de mercado" deve ser "altamente competitiva". Mas os franceses não estão majoritariamente convencidos.

As Américas estão de volta? Saudemos de todo modo as anos de crescimento global da região e os progressos de sua administração. Sempre se poderá dizer que os riscos permanecem, assim como as tendências populistas. Mas é pelo contraste – que se tornou mais forte – com os países dessa própria região que se constata que ela está entrando em uma fase mais longa de crescimento virtuoso e participando mais claramente da globalização.

O desafio da região será reforçar sua unidade, no momento em que grandes zonas estão sendo constituídas. Trata-se de reforçar as lógicas de cooperação produtora, de reduzir direitos alfandegários, formar grandes *hubs* econômicos e financeiros capazes de dialogar com os antigos, dos Estados Unidos e da Europa, além dos novos, da Ásia ou do Golfo. A hora não é da moeda única, mas dos mercados regionais (Mercosul, Alalc etc.) e dos acordos internacionais (com a China, por exemplo, e no âmbito da OMC). Acrescentemos que nada é simples, uma vez que os desafios são múltiplos, complexos e opostos e que, portanto, nada será muito rápido.

93 – Pobreza e objetivos do milênio

De hoje até 2015, os 191 Estados membros da ONU se comprometeram a realizar oito objetivos. São eles: reduzir a extrema pobreza e a fome, assegurar a educação básica para todos, promover a igualdade dos sexos, reduzir a mortalidade infantil, melhorar a saúde materna, combater as epidemias (AIDS, malária etc.), integrar os princípios do desenvolvimento duradouro nas políticas nacionais e pôr em funcionamento um sistema comercial e financeiro aberto, fundado em regras, e não discriminatório.

Mais uma vez é preciso ir além desses objetivos, que carecem de adesão, para examinar como são construídos. Estão sempre presentes variáveis quantificadas com datas desejáveis ou "o mais tardar". Nota-se igualmente a importância das novas cooperações entre o público e o privado, por exemplo, a respeito de remédios ou de acesso às tecnologias.

Como são os Estados que assinam, eles devem convencer as empresas e as populações da necessária aplicação de tais decisões. Compete-lhes informar as diversas partes envolvidas (acionistas, trabalhadores, sindicatos etc.), para explicar o que globalização e responsabilidade querem dizer.

94 – Efeito estufa, Rio e protocolo de Kioto

Sem uma ação hoje, a temperatura do planeta vai aumentar de 3 a 6° C dentro de um século, o nível do mar vai subir, terras se transformarão em desertos e o clima se tornará mais instável. É preciso agir? Como?

Na Cúpula da Terra do Rio (Rio 92), os chefes de Estado tomaram consciência do risco de alteração climática. Cinco anos depois, em Kioto, assinaram um protocolo no qual se comprometeram a reduzir as emissões de gás de efeito estufa, responsáveis pelo aquecimento. Noventa dias depois da ratificação da Rússia (só ela responsável por 17% das emissões mundiais), o protocolo pôde entrar em vigor, em 17 de fevereiro de 2005. Deveria de fato envolver 55 países, responsáveis por pelo menos 55% das emissões desse gás, mas sabe-se que os Estados Unidos (36% das emissões) recusaram-se a assinar.

Teoricamente, pode-se perguntar qual o interesse de tais ações. Para alguns, o melhor seria aguardar até ficar mais rico, para o esforço ser relativamente menos custoso, ou até ficar mais bem informado. Mas a ação, hoje, permite desacelerar a acumulação de gás. E dá, portanto, mais tempo para que outras soluções sejam encontradas. Paralelamente, um esforço político precoce e maciço vem dando credibilidade aos programas de pesquisa. Ele ajuda a encontrar mais cedo as soluções.

O conteúdo do protocolo mostra a lógica em operação, e sabe-se que ela combina regras e ajustamentos, incitações e sanções. Quantidades de emissões são fixadas: legibilidade e transparência; cotas nacionais permitem a adaptação às situações: flexibilidade; acordos sobre direitos de emissão permitem efetuá-las onde sejam menos custosas: eficácia e nascimento de um preço internacional para o carbono atmosférico. Vamos ver como o processo vai evoluir, sobretudo como os países emergentes irão aceitá-lo. Mas não se pode desconhecer a importância de sua lógica e de sua força de pressão, mesmo que seja preciso admitir sua complexidade, e se armar de paciência.

95 – Empresa transparente, cidadã, responsável

No mundo atual, a empresa não é mais propriedade só de acionistas individuais, mas cada vez mais propriedade de acionistas institucionais. Eles levam em consideração o longo prazo e estão voltados para objetivos mais gerais.

A empresa atual está cada vez mais preocupada com a transparência em relação a seus acionistas (*shareholders*), mas também com as diferentes partes envolvidas (*stakeholders*). São os clientes, os trabalhadores, os representantes da sociedade civil, nacional e internacional. A empresa assume, assim, cada vez mais, compromissos de funcionamento (respeito aos acionistas, papel do conselho administrativo, protocolos de informação diversos), em função de valores sociais de longa duração. A governança da empresa, que vai ao encontro da governança mundial (ver item 87), marca uma rede de promessas e de regras (convenções) nas quais entram as empresas, em concordância com seus diversos parceiros. A empresa se compromete, dessa forma, com os clientes, com os diversos parceiros e em função de valores cada vez mais esposados pela sociedade (comércio equitativo, fundações, respeito pelo meio ambiente).

96 – Estratégia e curva J

Para progredir neste mundo cada vez mais complexo é preciso compreendê-lo, explicá-lo e em seguida fazer escolhas e convencer. A governança virá depois que uma estratégia tiver sido definida. Do que se trata? De valer-se do conjunto das vias e meios para aumentar o crescimento e o emprego em um país ou uma região.

Isso implica políticas de pesquisa, de educação, de família, de territórios... que são parte de outras, determinadas por variados aspectos (por exemplo, as políticas monetárias e orçamentárias), e também a partir de lógicas mais completas (políticas ou estratégias industriais). Tudo isso faz com que sejam buscadas flexibilizações na interpretação de certas regras, quanto mais não seja para fazer funcionar o único grau de liberdade que resta à Europa: o câmbio.

Mas não se poderá evitar o trabalho interno de reformas: demonstrar a impossibilidade do *status quo*, explicitar os esforços que devem de ser feitos e as rendas que devem de ser reduzidas, mostrar as vantagens a longo prazo. Para isso é preciso um programa, mas sobretudo que os interessados nas reformas sejam bem identificados, em especial os jovens, aos quais se deve falar, sendo necessário que eles não hesitem em se comprometer com o apoio.

Mesmo que a mudança seja julgada necessária em um mercado, não quer dizer que ela vá dar total resultado imediatamente. É preciso aguardar vários anos para que uma flexibilização dê mostras de efeitos positivos. Mas os efeitos negativos são perceptíveis de início, daí a expressão "curva J".

Assim, a liberalização no mercado de bens (por exemplo, a possibilidade de instalar ou de ampliar concedida aos supermercados) reduz no princípio o emprego no pequeno comércio e em certas empresas ligadas às lojas das proximidades. Só depois, quando empresas maiores oferecerem seus produtos a preços mais baixos a distribuidores mais baratos, é que o poder de compra dos consumidores aumentará e, portanto, também o emprego. Avalia-se a dificuldade da operação. A mesma lógica é observada no contrato de trabalho. Quando ele é flexibilizado, as empresas que vinham mantendo em seus quadros alguns funcionários por razões legais vão mandá-los embora. Isso aumenta as taxas de desemprego, mas também aumenta os recursos das empresas, que poderão contratar em seguida profissionais mais adaptados. Inútil negar o fato. Mas, principalmente no sentido inverso, o fato de as empresas saberem que podem ajustar mais facilmente seus efetivos diante dos imprevistos da conjuntura torna-as mais abertas a contratações, especialmente as muito pequenas. Ao mesmo tempo, essas contratações lhes permitem satisfazer mais clientes, portanto crescer, e portanto consolidar as contratações que acabam de fazer. Acrescentemos também que estes últimos, e de maneira geral todos os trabalhadores, ao compreenderem que as regras mudaram, vão muito provavelmente se mostrar mais produtivos.

A lição da curva J é clara: as reformas necessárias "se pagam" em termos de crescimento e emprego se forem explicadas e executadas de maneira convincente. Mas é sempre preciso "pagar o preço" da primeira parte, declinante, do J, o que é sempre social e politicamente arriscado.

97 – Reservas e fundos de riqueza soberana (*sovereign wealth funds*)

No novo mundo que se abre, com o crescimento e a solidez reforçada dos países emergentes, as reservas se acumulam na China, na Índia, nos países petrolíferos, no Brasil. Tais reservas reduzem fortemente o risco de crise cambial nesses países e consolidam novas zonas regionais. Mas vão bem além de uma simples lógica de proteção em relação às crises e aos choques. Elas estão evidentemente excessivas e financiam "o consumidor de última instância" americano. O que explica sua evolução: uma parte crescente irá abastecer "fundos soberanos", encarregados de preparar o período póspetróleo e, cada vez mais, propiciar um crescimento mais elevado e mais diversificado. O que inclui participações em grandes empresas internacionais, gerando riscos de novas tensões e novo protecionismo, dessa vez a partir dos países ricos.

Conclusão
Se só houvesse três

98 – Economia

Economia é a maneira de fazer o melhor possível com o que se dispõe. Nada mais do que isso. Mas, o que é "fazer o melhor possível" para si, para os outros, para si e os outros? Para hoje ou para amanhã? Do que é que disponho: de minhas rendas, créditos, saberes, confiança em mim, confiança nos outros? Como as "autoridades" vivem esta situação? Nossa economia está se tornando muito desenvolvida e muito complexa. Ela se faz as mesmas perguntas do tempo dos mestres fundadores, mesmo tendo mais instrumentos e vivido mais experiências. Começa a se tornar mais sábia ao compreender que não há solução simples, uma vez que é preciso fazer progredir juntos a cooperação com os outros e o amor por si, cada vez com mais participantes nas trocas e no progresso, com mais objetivos, paralelamente aos lucros.

99 – Efeito perverso

O efeito perverso é o gênio maligno da economia. No pior dos casos, ele produz o oposto do que se desejava. Na maioria das vezes cria confusão, pois não se pode pensar em tudo quando se segue uma estratégia, nem tudo impedir. Não se pode evitar o efeito perverso, a menos que não se faça nada. Resta corrigi-lo o quanto antes, o que supõe transparência para saber exatamente o que se passa, resiliência da economia para ter tempo de agir sem crise e flexibilidade para poder pôr as decisões em prática.

100 – Ética

A ética é o ponto de partida da economia e sua razão de ser. A economia faz parte de um projeto de crescimento rápido e duradouro, em função de escolhas que devem ser obrigatoriamente de todos. Ela não pode ir além e responder pela razão de Estado, querendo fazer a felicidade dos outros em seu nome. Deve dizer o que quer e o que faz, por que e como, com suas palavras.

A nova fase de crescimento a que estamos assistindo sem dúvida irá integrar novos valores nos países desenvolvidos evidentemente, porém mais ainda nos países emergentes. A capacidade de respeito dos direitos dos trabalhadores e dos acionistas, dos direitos de propriedade, dos direitos dos clientes... sem esquecer do crescimento durável e socialmente responsável: tudo isso vai mudar profundamente as trajetórias dos países. Ética e economia? Era o grande debate dos tempos passados, mas a chegada de clientes que expressam mais claramente suas demandas, de assalariados que são cada vez mais acionistas e de mercados financeiros mais responsáveis muda as relações de força. Enfim, é o que desejamos! Para tanto, será necessário que se atente, em toda parte, à corrupção, à transparência, à responsabilidade dos atores. O elo entre crescimento e ética é a grande aposta deste século.

Glossário

Palavra principal, palavras relacionadas...   **página**

Acionista, *poupança, administrador, capitalista,*
  empresário, risco, rendimento 20
Altermundialismo, *Porto Alegre, Davos,*
  comércio equitativo, investimento socialmente
  responsável, desenvolvimento duradouro 106
Américas 110
Amor, *cliente, capitalismo, fornecimento de bens e serviços* 10
Aposentadoria, *repartição, capitalização, equidade*
  intergeracional, intersetorial, direitos adquiridos 79
Bulles, *Ch. P. Kindelberger, racionalidade, nova economia* 95
Câmbio, *balanço de bens e serviços, de transações correntes,*
  saldo 80
Capital, *direitos de propriedade* 13
Capitalismo, *familiar, administrativo, patrimonial,*
  variedades de capitalismo 48
Capitalista, *renda de capital, J. Maynard Keynes,*
  armadilha da liquidez 98
Carona, *free rider* 65
Celso Furtado, *subdesenvolvimento* 99
Cerne do negócio, *core business* 47
Ciclos, *J. A. Schumpeter, destruição criadora* 86
Complexidade, *C. E. Shannon, informação* 101
Concorrência monopolística, *diferenciação*
  objetiva, subjetiva 39
Concorrência pura e perfeita, *produto homogêneo,*
  Walras, Pareto 36
Concorrência, *mercado, setor* 25
Condições monetárias, *câmbio, credibilidade,*
  curva de Lipsey, curva de Phillips 70
Confiança, *A. Sen, responsabilidade, liberdade, terrorismo* 103
Consumidor, *intermediário, final* 13
Contratar, *assimetria de informação, salário, bônus,*
  desemprego, salário mínimo, contrato implícito,
  motivação, "boa produtividade" 15

Crédito bancário, *descoberto, garantia* 51
Curva J, *reforma* 113
Déficit americano, *J. Rueff*... 88
Deflação, *I. Fisher, profecia auto-realizadora*............................ 94
Deslocalização, *b to b, b to b to c* 28
Dinâmica dos mercados, *lei da selva*... 41
Direitos de propriedade.. 12
Ecologia, *J. Stuart Mill, estado estacionário,*
    Clube de Roma, crescimento duradouro 100
Economia 116
Economias de aglomeração, *eficiência x* 31
Economias de aprendizagem, *learning by doing, cooperação* 27
Economias de escala, *custo médio, custo marginal* 26
Economias de escopo, *datawarehouse, package,*
    canais de distribuição 30
Economias de franquia... 32
Efeito estufa, *protocolo de Kioto, direitos de emissão* 112
Efeito perverso 116
Elasticidade-preço, elasticidade-renda 23
Emergentes... 106
Emprego, *empregabilidade, desemprego, balanço de*
    competências, capacitação, capital humano,
    armadilha da pobreza 15
Empresa transparente, cidadã, responsável, *shareholder,*
    stakeholder 113
Empresa, *bem, bens e serviços fornecidos, fronteira, custo de*
    oportunidade, privado, público, mutualismo 11
Endividamento no mercado, *corporate bond,*
    intermediação, desintermediação, alto
    rendimento (high yeld), junk (podre)............................... 53
Endividamento, *efeito alavanca, monitorar* 50
Estabilização, *J. Nash, V. Smith, hierarquia, jogo*
    cooperativo, dilema do prisioneiro, mão invisível 102
Estado, *funções* 60
Estratégia, *R & D, política industrial, curva J* 113
Estudo de mercado, *oferta, demanda*... 22
Ética 117
Europa, *resiliência, economia social de mercado*...................... 72
Faturamento, *valor agregado, PIB* 19
Fidelização, *milhagem, learning by using* 35

G: G 5, G 7, G 8 108
Globalização, *deslocalização, precarização* 105
Governança 113
Grupo, *economias de clube, afinidades* 35
Imaterial, *investimento de forma* 17
Imposto, *curva de Laffer* 62
Informação, *assimetria de informação, preço* 10
Inovação 32
Investir, *produtividade, capacidade, flexibilidade* 16
Jovens, *idosos, A. Sauvy* 97
Lucro, *amortização, reservas, autofinanciamento, dividendos* ... 19
Marca, *sinal, promessa* 34
Mobilidade do trabalho, *F. Engels, habitação* 90
Monopólio, *monopólio natural, regulação, agência* 37
Necessidade, *trabalho* 9
Nova economia, *N. Kondratieff, "Trinta Gloriosos"* 85
Oligopólio, *guerra de preços, standard,*
    profecia auto-realizadora 40
OMC, *livre-troca* 109
Organizações do trabalho, *A. Smith, fordismo, toyotismo* 82
Organizações, *lobbying* 57
Pacto de estabilidade e de crescimento, *pressão dos pares*
    (peer pressure), sustentabilidade da dívida 74
Pesquisa, território, *cluster, conjunto* 80
Pleno emprego, *W. Beveridge, desemprego friccional,*
    curva de Beveridge, bonus-malus 92
Pobreza, *Objetivos do milênio* 111
Política industrial, *F. List, indústria nascente,*
    facilidades essenciais 84
Política monetária, *estabilidade de preços, antecipações* 68
Política orçamentária, *multiplicadores,*
    equivalência ricardiana 73
Política salarial, *subvenções, partilha do valor agregado,*
    estímulo, participação, balanço de competências 78
População, *Th. R. Malthus* 97
Portfólio de atividades, *diversificação de atividades,*
    matriz BCG 47
Preguiça, *P. Lafargue, tempo de trabalho* 91
Procedimento estratégico, *escolha da empresa* 46
Proteção do consumidor, *do investidor, judicialização* 67

Qualidade, *seguro* 33
Regra, *Rules versus Discretion* 58
Regulação, *mercado pertinente, agência* 66
Rendimento de fundos próprios, *Return on Equity,*
  imediatismo 43
Risco 14
Saúde, *família, armadilha da pobreza,*
renda mínima de inserção 75
Seguro, *seleção adversa (adverse selection), risco moral*
  (moral hazard), mutualização, produtos derivados 45
Serviços públicos, *externalidades positivas* 64
Subcontratação, *outsourcing* 27
Subsidiaridade, *União Europeia, necessidade,*
  proporcionalidade 59
Substituição capital-trabalho, *D. Ricardo* 89
Teoria austríaca, *von Mises, von Hayek, liberal, ultraliberal* 93
Trabalho produtivo, K. *Marx, exploração, socialismo,*
  sistema de remuneração 83
Valorização de Bolsa, *Price to Book, compra de empresa* 55
Vantagens comparativas, *D. Ricardo, ganhos de troca* 87
Zonas monetárias, *euro, dólar, yuan, peg, triângulo*
  de incompatibilidade de Mundell 107

Coleção **L&PM** POCKET

70. **Avent. inéditas de Sherlock Holmes** – A. C. Doyle
71. **Quintana de bolso** – Mario Quintana
72. **Antes e depois** – Paul Gauguin
73. **A morte de Olivier Bécaille** – Émile Zola
74. **Iracema** – José de Alencar
75. **Iaiá Garcia** – Machado de Assis
76. **Utopia** – Tomás Morus
77. **Sonetos para amar o amor** – Camões
78. **Carmem** – Prosper Mérimée
79. **Senhora** – José de Alencar
80. **Hagar, o horrível 1** – Dik Browne
81. **O coração das trevas** – Joseph Conrad
82. **Um estudo em vermelho** – Arthur Conan Doyle
83. **Todos os sonetos** – Augusto dos Anjos
84. **A propriedade é um roubo** – P.-J. Proudhon
85. **Drácula** – Bram Stoker
86. **O marido complacente** – Sade
87. **De profundis** – Oscar Wilde
88. **Sem plumas** – Woody Allen
89. **Os bruzundangas** – Lima Barreto
90. **O cão dos Baskervilles** – Arthur Conan Doyle
91. **Paraísos artificiais** – Charles Baudelaire
92. **Cândido, ou o otimismo** – Voltaire
93. **Triste fim de Policarpo Quaresma** – Lima Barreto
94. **Amor de perdição** – Camilo Castelo Branco
95. **A megera domada** – Shakespeare / trad. Millôr
96. **O mulato** – Aluísio Azevedo
97. **O alienista** – Machado de Assis
98. **O livro dos sonhos** – Jack Kerouac
99. **Noite na taverna** – Álvares de Azevedo
100. **Aura** – Carlos Fuentes
102. **Contos gauchescos e Lendas do sul** – Simões Lopes Neto
103. **O cortiço** – Aluísio Azevedo
104. **Marília de Dirceu** – T. A. Gonzaga
105. **O Primo Basílio** – Eça de Queiroz
106. **O ateneu** – Raul Pompéia
107. **Um escândalo na Boêmia** – Arthur Conan Doyle
108. **Contos** – Machado de Assis
109. **200 Sonetos** – Luis Vaz de Camões
110. **O príncipe** – Maquiavel
111. **A escrava Isaura** – Bernardo Guimarães
112. **O solteirão nobre** – Conan Doyle
114. **Shakespeare de A a Z** – Shakespeare
115. **A relíquia** – Eça de Queiroz
117. **Livro do corpo** – Vários
118. **Lira dos 20 anos** – Álvares de Azevedo
119. **Esaú e Jacó** – Machado de Assis
120. **A barcarola** – Pablo Neruda
121. **Os conquistadores** – Júlio Verne
122. **Contos breves** – G. Apollinaire
123. **Taipi** – Herman Melville
124. **Livro dos desaforos** – org. de Sergio Faraco
125. **A mão e a luva** – Machado de Assis
126. **Doutor Miragem** – Moacyr Scliar
127. **O penitente** – Isaac B. Singer
128. **Diários da descoberta da América** – C.Colombo
129. **Édipo Rei** – Sófocles
130. **Romeu e Julieta** – Shakespeare
131. **Hollywood** – Charles Bukowski
132. **Billy the Kid** – Pat Garrett
133. **Cuca fundida** – Woody Allen
134. **O jogador** – Dostoiévski
135. **O livro da selva** – Rudyard Kipling
136. **O vale do terror** – Arthur Conan Doyle
137. **Dançar tango em Porto Alegre** – S. Faraco
138. **O gaúcho** – Carlos Reverbel
139. **A volta ao mundo em oitenta dias** – J. Verne
140. **O livro dos esnobes** – W. M. Thackeray
141. **Amor & morte em Poodle Springs** – Raymond Chandler & R. Parker
142. **As aventuras de David Balfour** – Stevenson
143. **Alice no país das maravilhas** – Lewis Carroll
144. **A ressurreição** – Machado de Assis
145. **Inimigos, uma história de amor** – I. Singer
146. **O Guarani** – José de Alencar
147. **A cidade e as serras** – Eça de Queiroz
148. **Eu e outras poesias** – Augusto dos Anjos
149. **A mulher de trinta anos** – Balzac
150. **Pomba enamorada** – Lygia F. Telles
151. **Contos fluminenses** – Machado de Assis
152. **Antes de Adão** – Jack London
153. **Intervalo amoroso** – A.Romano de Sant'Anna
154. **Memorial de Aires** – Machado de Assis
155. **Naufrágios e comentários** – Cabeza de Vaca
156. **Ubirajara** – José de Alencar
157. **Textos anarquistas** – Bakunin
159. **Amor de salvação** – Camilo Castelo Branco
160. **O gaúcho** – José de Alencar
161. **O livro das maravilhas** – Marco Polo
162. **Inocência** – Visconde de Taunay
163. **Helena** – Machado de Assis
164. **Uma estação de amor** – Horácio Quiroga
165. **Poesia reunida** – Martha Medeiros
166. **Memórias de Sherlock Holmes** – Conan Doyle
167. **A vida de Mozart** – Stendhal
168. **O primeiro terço** – Neal Cassady
169. **O mandarim** – Eça de Queiroz
170. **Um espinho de marfim** – Marina Colasanti
171. **A ilustre Casa de Ramires** – Eça de Queiroz
172. **Lucíola** – José de Alencar
173. **Antígona** – Sófocles – trad. Donaldo Schüler
174. **Otelo** – William Shakespeare
175. **Antologia** – Gregório de Matos
176. **A liberdade de imprensa** – Karl Marx
177. **Casa de pensão** – Aluísio Azevedo
178. **São Manuel Bueno, Mártir** – Unamuno
179. **Primaveras** – Casimiro de Abreu
180. **O noviço** – Martins Pena
181. **O sertanejo** – José de Alencar
182. **Eurico, o presbítero** – Alexandre Herculano
183. **O signo dos quatro** – Conan Doyle
184. **Sete anos no Tibet** – Heinrich Harrer
185. **Vagamundo** – Eduardo Galeano
186. **De repente acidentes** – Carl Solomon
187. **As minas de Salomão** – Rider Haggar
188. **Uivo** – Allen Ginsberg
189. **A ciclista solitária** – Conan Doyle
190. **Os seis bustos de Napoleão** – Conan Doyle
191. **Cortejo do divino** – Nelida Piñon
194. **Os crimes do amor** – Marquês de Sade
195. **Besame Mucho** – Mário Prata
196. **Tuareg** – Alberto Vázquez-Figueroa
197. **O longo adeus** – Raymond Chandler

199. **Notas de um velho safado** – C. Bukowski
200. **111 ais** – Dalton Trevisan
201. **O nariz** – Nicolai Gogol
202. **O capote** – Nicolai Gogol
203. **Macbeth** – William Shakespeare
204. **Heráclito** – Donaldo Schüler
205. **Você deve desistir, Osvaldo** – Cyro Martins
206. **Memórias de Garibaldi** – A. Dumas
207. **A arte da guerra** – Sun Tzu
208. **Fragmentos** – Caio Fernando Abreu
209. **Festa no castelo** – Moacyr Scliar
210. **O grande deflorador** – Dalton Trevisan
212. **Homem do princípio ao fim** – Millôr Fernandes
213. **Aline e seus dois namorados** – A. Iturrusgarai
214. **A juba do leão** – Sir Arthur Conan Doyle
215. **Assassino metido a esperto** – R. Chandler
216. **Confissões de um comedor de ópio** – T.De Quincey
217. **Os sofrimentos do jovem Werther** – Goethe
218. **Fedra** – Racine / Trad. Millôr Fernandes
219. **O vampiro de Sussex** – Conan Doyle
220. **Sonho de uma noite de verão** – Shakespeare
221. **Dias e noites de amor e de guerra** – Galeano
222. **O Profeta** – Khalil Gibran
223. **Flávia, cabeça, tronco e membros** – M. Fernandes
224. **Guia da ópera** – Jeanne Suhamy
225. **Macário** – Álvares de Azevedo
226. **Etiqueta na prática** – Celia Ribeiro
227. **Manifesto do partido comunista** – Marx & Engels
228. **Poemas** – Millôr Fernandes
229. **Um inimigo do povo** – Henrik Ibsen
230. **O paraíso destruído** – Frei B. de las Casas
231. **O gato no escuro** – Josué Guimarães
232. **O mágico de Oz** – L. Frank Baum
233. **Armas no Cyrano's** – Raymond Chandler
234. **Max e os felinos** – Moacyr Scliar
235. **Nos céus de Paris** – Alcy Cheuiche
236. **Os bandoleiros** – Schiller
237. **A primeira coisa que eu botei na boca** – Deonísio da Silva
238. **As aventuras de Simbad, o marujo**
239. **O retrato de Dorian Gray** – Oscar Wilde
240. **A carteira de meu tio** – J. Manuel de Macedo
241. **A luneta mágica** – J. Manuel de Macedo
242. **A metamorfose** – Kafka
243. **A flecha de ouro** – Joseph Conrad
244. **A ilha do tesouro** – R. L. Stevenson
245. **Marx - Vida & Obra** – José A. Giannotti
246. **Gênesis**
247. **Unidos para sempre** – Ruth Rendell
248. **A arte de amar** – Ovídio
249. **O sono eterno** – Raymond Chandler
250. **Novas receitas do Anonymus Gourmet** – J.A.P.M.
251. **A nova catacumba** – Arthur Conan Doyle
252. **Dr. Negro** – Arthur Conan Doyle
253. **Os voluntários** – Moacyr Scliar
254. **A bela adormecida** – Irmãos Grimm
255. **O príncipe sapo** – Irmãos Grimm
256. **Confissões** *e* **Memórias** – H. Heine
257. **Viva o Alegrete** – Sergio Faraco
258. **Vou estar esperando** – R. Chandler
259. **A senhora Beate e seu filho** – Schnitzler
260. **O ovo apunhalado** – Caio Fernando Abreu
261. **O ciclo das águas** – Moacyr Scliar
262. **Millôr Definitivo** – Millôr Fernandes
264. **Viagem ao centro da Terra** – Júlio Verne

265. **A dama do lago** – Raymond Chandler
266. **Caninos brancos** – Jack London
267. **O médico e o monstro** – R. L. Stevenson
268. **A tempestade** – William Shakespeare
269. **Assassinatos na rua Morgue** – E. Allan Poe
270. **99 corruíras nanicas** – Dalton Trevisan
271. **Broquéis** – Cruz e Sousa
272. **Mês de cães danados** – Moacyr Scliar
273. **Anarquistas – vol. 1 – A idéia** – G. Woodcock
274. **Anarquistas – vol. 2 – O movimento** – G.Woodcock
275. **Pai e filho, filho e pai** – Moacyr Scliar
276. **As aventuras de Tom Sawyer** – Mark Twain
277. **Muito barulho por nada** – W. Shakespeare
278. **Elogio da loucura** – Erasmo
279. **Autobiografia de Alice B. Toklas** – G. Stein
280. **O chamado da floresta** – J. London
281. **Uma agulha para o diabo** – Ruth Rendell
282. **Verdes vales do fim do mundo** – A. Bivar
283. **Ovelhas negras** – Caio Fernando Abreu
284. **O fantasma de Canterville** – O. Wilde
285. **Receitas de Yayá Ribeiro** – Celia Ribeiro
286. **A galinha degolada** – H. Quiroga
287. **O último adeus de Sherlock Holmes** – A. Conan Doyle
288. **A. Gourmet** *em* **Histórias de cama & mesa** – J. A. Pinheiro Machado
289. **Topless** – Martha Medeiros
290. **Mais receitas do Anonymus Gourmet** – J. A. Pinheiro Machado
291. **Origens do discurso democrático** – D. Schüler
292. **Humor politicamente incorreto** – Nani
293. **O teatro do bem e do mal** – E. Galeano
294. **Garibaldi & Manoela** – J. Guimarães
295. **10 dias que abalaram o mundo** – John Reed
296. **Numa fria** – Charles Bukowski
297. **Poesia de Florbela Espanca** vol. 1
298. **Poesia de Florbela Espanca** vol. 2
299. **Escreva certo** – E. Oliveira e M. E. Bernd
300. **O vermelho e o negro** – Stendhal
301. **Ecce homo** – Friedrich Nietzsche
302. (7).**Comer bem, sem culpa** – Dr. Fernando Lucchese, A. Gourmet e Iotti
303. **O livro de Cesário Verde** – Cesário Verde
305. **100 receitas de macarrão** – S. Lancellotti
306. **160 receitas de molhos** – S. Lancellotti
307. **100 receitas light** – H. e Â. Tonetto
308. **100 receitas de sobremesas** – Celia Ribeiro
309. **Mais de 100 dicas de churrasco** – Leon Diziekaniak
310. **100 receitas de acompanhamentos** – C. Cabeda
311. **Honra ou vendetta** – S. Lancellotti
312. **A alma do homem sob o socialismo** – Oscar Wilde
313. **Tudo sobre Yôga** – Mestre De Rose
314. **Os varões assinalados** – Tabajara Ruas
315. **Édipo em Colono** – Sófocles
316. **Lisístrata** – Aristófanes / trad. Millôr
317. **Sonhos de Bunker Hill** – John Fante
318. **Os deuses de Raquel** – Moacyr Scliar
319. **O colosso de Marússia** – Henry Miller
320. **As eruditas** – Molière / trad. Millôr
321. **Radicci 1** – Iotti
322. **Os Sete contra Tebas** – Ésquilo
323. **Brasil Terra à vista** – Eduardo Bueno
324. **Radicci 2** – Iotti
325. **Júlio César** – William Shakespeare

326. A carta de Pero Vaz de Caminha
327. Cozinha Clássica – Sílvio Lancellotti
328. Madame Bovary – Gustave Flaubert
329. Dicionário do viajante insólito – M. Scliar
330. O capitão saiu para o almoço... – Bukowski
331. A carta roubada – Edgar Allan Poe
332. É tarde para saber – Josué Guimarães
333. O livro de bolso da Astrologia – Maggy Harrisonx e Mellina Li
334. 1933 foi um ano ruim – John Fante
335. 100 receitas de arroz – Aninha Comas
336. Guia prático do Português correto – vol. 1 – Cláudio Moreno
337. Bartleby, o escriturário – H. Melville
338. Enterrem meu coração na curva do rio – Dee Brown
339. Um conto de Natal – Charles Dickens
340. Cozinha sem segredos – J. A. P. Machado
341. A dama das Camélias – A. Dumas Filho
342. Alimentação saudável – H. e Â. Tonetto
343. Continhos galantes – Dalton Trevisan
344. A Divina Comédia – Dante Alighieri
345. A Dupla Sertanojo – Santiago
346. Cavalos do amanhacer – Mario Arregui
347. Biografia de Vincent van Gogh por sua cunhada – Jo van Gogh-Bonger
348. Radicci 3 – Iotti
349. Nada de novo no front – E. M. Remarque
350. A hora dos assassinos – Henry Miller
351. Flush - Memórias de um cão – Virginia Woolf
352. A guerra no Bom Fim – M. Scliar
353. (1). O caso Saint-Fiacre – Simenon
354. (2). Morte na alta sociedade – Simenon
355. (3). O cão amarelo – Simenon
356. (4). Maigret e o homem do banco – Simenon
357. As uvas e o vento – Pablo Neruda
358. On the road – Jack Kerouac
359. O coração amarelo – Pablo Neruda
360. Livro das perguntas – Pablo Neruda
361. Noite de Reis – William Shakespeare
362. Manual de Ecologia – vol.1 – J. Lutzenberger
363. O mais longo dos dias – Cornelius Ryan
364. Foi bom prá você? – Nani
365. Crepusculário – Pablo Neruda
366. A comédia dos erros – Shakespeare
367. (5). A primeira investigação de Maigret – Simenon
368. (6). As férias de Maigret – Simenon
369. Mate-me por favor (vol.1) – L. McNeil
370. Mate-me por favor (vol.2) – L. McNeil
371. Carta ao pai – Kafka
372. Os vagabundos iluminados – J. Kerouac
373. (7). O enforcado – Simenon
374. (8). A fúria de Maigret – Simenon
375. Vargas, uma biografia política – H. Silva
376. Poesia reunida (vol.1) – A. R. de Sant'Anna
377. Poesia reunida (vol.2) – A. R. de Sant'Anna
378. Alice no país do espelho – Lewis Carroll
379. Residência na Terra 1 – Pablo Neruda
380. Residência na Terra 2 – Pablo Neruda
381. Terceira Residência – Pablo Neruda
382. O delírio amoroso – Bocage
383. Futebol ao sol e à sombra – E. Galeano
384. (9). O porto dos brumas – Simenon
385. (10). Maigret e seu morto – Simenon
386. Radicci 4 – Iotti
387. Boas maneiras & sucesso nos negócios – Celia Ribeiro
388. Uma história Farroupilha – M. Scliar
389. Na mesa ninguém envelhece – J. A. P. Machado
390. 200 receitas inéditas do Anonymus Gourmet – J. A. Pinheiro Machado
391. Guia prático do Português correto – vol.2 – Cláudio Moreno
392. Breviário das terras do Brasil – Assis Brasil
393. Cantos Cerimoniais – Pablo Neruda
394. Jardim de Inverno – Pablo Neruda
395. Antonio e Cleópatra – William Shakespeare
396. Tróia – Cláudio Moreno
397. Meu tio matou um cara – Jorge Furtado
398. O anatomista – Federico Andahazi
399. As viagens de Gulliver – Jonathan Swift
400. Dom Quixote – (v. 1) – Miguel de Cervantes
401. Dom Quixote – (v. 2) – Miguel de Cervantes
402. Sozinho no Pólo Norte – Thomaz Brandolin
403. Matadouro 5 – Kurt Vonnegut
404. Delta de Vênus – Anaïs Nin
405. O melhor de Hagar 2 – Dik Browne
406. É grave Doutor? – Nani
407. Orai pornô – Nani
408. (11). Maigret em Nova York – Simenon
409. (12). O assassino sem rosto – Simenon
410. (13). O mistério das jóias roubadas – Simenon
411. A irmãzinha – Raymond Chandler
412. Três contos – Gustave Flaubert
413. De ratos e homens – John Steinbeck
414. Lazarilho de Tormes – Anônimo do séc. XVI
415. Triângulo das águas – Caio Fernando Abreu
416. 100 receitas de carnes – Sílvio Lancellotti
417. Histórias de robôs: vol. 1 – org. Isaac Asimov
418. Histórias de robôs: vol. 2 – org. Isaac Asimov
419. Histórias de robôs: vol. 3 – org. Isaac Asimov
420. O país dos centauros – Tabajara Ruas
421. A república de Anita – Tabajara Ruas
422. A carga dos lanceiros – Tabajara Ruas
423. Um amigo de Kafka – Isaac Singer
424. As alegres matronas de Windsor – Shakespeare
425. Amor e exílio – Isaac Bashevis Singer
426. Use & abuse do seu signo – Marília Fiorillo e Marylou Simonsen
427. Pigmaleão – Bernard Shaw
428. As fenícias – Eurípides
429. Everest – Thomaz Brandolin
430. A arte de furtar – Anônimo do séc. XVI
431. Billy Bud – Herman Melville
432. A rosa separada – Pablo Neruda
433. Elegia – Pablo Neruda
434. A garota de Cassidy – David Goodis
435. Como fazer a guerra: máximas de Napoleão – Balzac
436. Poemas escolhidos – Emily Dickinson
437. Gracias por el fuego – Mario Benedetti
438. O sofá – Crébillon Fils
439. O "Martín Fierro" – Jorge Luis Borges
440. Trabalhos de amor perdidos – W. Shakespeare
441. O melhor de Hagar 3 – Dik Browne
442. Os Maias (volume1) – Eça de Queiroz
443. Os Maias (volume2) – Eça de Queiroz
444. Anti-Justine – Restif de La Bretonne
445. Juventude – Joseph Conrad
446. Contos – Eça de Queiroz

447. **Janela para a morte** – Raymond Chandler
448. **Um amor de Swann** – Marcel Proust
449. **À paz perpétua** – Immanuel Kant
450. **A conquista do México** – Hernan Cortez
451. **Defeitos escolhidos e 2000** – Pablo Neruda
452. **O casamento do céu e do inferno** – William Blake
453. **A primeira viagem ao redor do mundo** – Antonio Pigafetta
454(14). **Uma sombra na janela** – Simenon
455(15). **A noite da encruzilhada** – Simenon
456(16). **A velha senhora** – Simenon
457. **Sartre** – Annie Cohen-Solal
458. **Discurso do método** – René Descartes
459. **Garfield em grande forma (1)** – Jim Davis
460. **Garfield está de dieta (2)** – Jim Davis
461. **O livro das feras** – Patricia Highsmith
462. **Viajante solitário** – Jack Kerouac
463. **Auto da barca do inferno** – Gil Vicente
464. **O livro vermelho dos pensamentos de Millôr** – Millôr Fernandes
465. **O livro dos abraços** – Eduardo Galeano
466. **Voltaremos!** – José Antonio Pinheiro Machado
467. **Rango** – Edgar Vasques
468(8). **Dieta mediterrânea** – Dr. Fernando Lucchese e José Antonio Pinheiro Machado
469. **Radicci 5** – Iotti
470. **Pequenos pássaros** – Anaïs Nin
471. **Guia prático do Português correto – vol.3** – Cláudio Moreno
472. **Atire no pianista** – David Goodis
473. **Antologia Poética** – García Lorca
474. **Alexandre e César** – Plutarco
475. **Uma espiã na casa do amor** – Anaïs Nin
476. **A gorda do Tiki Bar** – Dalton Trevisan
477. **Garfield um gato de peso (3)** – Jim Davis
478. **Canibais** – David Coimbra
479. **A arte de escrever** – Arthur Schopenhauer
480. **Pinóquio** – Carlo Collodi
481. **Misto-quente** – Charles Bukowski
482. **A lua na sarjeta** – David Goodis
483. **O melhor do Recruta Zero (1)** – Mort Walker
484. **Aline 2** – Adão Iturrusgarai
485. **Sermões do Padre Antonio Vieira**
486. **Garfield numa boa (4)** – Jim Davis
487. **Mensagem** – Fernando Pessoa
488. **Vendeta** seguido de **A paz conjugal** – Balzac
489. **Poemas de Alberto Caeiro** – Fernando Pessoa
490. **Ferragus** – Honoré de Balzac
491. **A duquesa de Langeais** – Honoré de Balzac
492. **A menina dos olhos de ouro** – Honoré de Balzac
493. **O lírio do vale** – Honoré de Balzac
494(17). **A barcaça da morte** – Simenon
495(18). **As testemunhas rebeldes** – Simenon
496(19). **Um engano de Maigret** – Simenon
497(1). **A noite das bruxas** – Agatha Christie
498(2). **Um passe de mágica** – Agatha Christie
499(3). **Nêmesis** – Agatha Christie
500. **Esboço para uma teoria das emoções** – Sartre
501. **Renda básica de cidadania** – Eduardo Suplicy
502(1). **Pílulas para viver melhor** – Dr. Lucchese
503(2). **Pílulas para prolongar a juventude** – Dr. Lucchese
504(3). **Desembarcando o diabetes** – Dr. Lucchese
505(4). **Desembarcando o sedentarismo** – Dr. Fernando Lucchese e Cláudio Castro
506(5). **Desembarcando a hipertensão** – Dr. Lucchese
507(6). **Desembarcando o colesterol** – Dr. Fernando Lucchese e Fernanda Lucchese
508. **Estudos de mulher** – Balzac
509. **O terceiro tira** – Flann O'Brien
510. **100 receitas de aves e ovos** – J. A. P. Machado
511. **Garfield em toneladas de diversão (5)** – Jim Davis
512. **Trem-bala** – Martha Medeiros
513. **Os cães ladram** – Truman Capote
514. **O Kama Sutra de Vatsyayana**
515. **O crime do Padre Amaro** – Eça de Queiroz
516. **Odes de Ricardo Reis** – Fernando Pessoa
517. **O inverno da nossa desesperança** – Steinbeck
518. **Piratas do Tietê (1)** – Laerte
519. **Rê Bordosa: do começo ao fim** – Angeli
520. **O Harlem é escuro** – Chester Himes
521. **Café-da-manhã dos campeões** – Kurt Vonnegut
522. **Eugénie Grandet** – Balzac
523. **O último magnata** – F. Scott Fitzgerald
524. **Carol** – Patricia Highsmith
525. **100 receitas de patisseria** – Sílvio Lancellotti
526. **O fator humano** – Graham Greene
527. **Tristessa** – Jack Kerouac
528. **O diamante do tamanho do Ritz** – S. Fitzgerald
529. **As melhores histórias de Sherlock Holmes** – Arthur Conan Doyle
530. **Cartas a um jovem poeta** – Rilke
531(20). **Memórias de Maigret** – Simenon
532(4). **O misterioso sr. Quin** – Agatha Christie
533. **Os analectos** – Confúcio
534(21). **Maigret e os homens de bem** – Simenon
535(22). **O medo de Maigret** – Simenon
536. **Ascensão e queda de César Birotteau** – Balzac
537. **Sexta-feira negra** – David Goodis
538. **Ora bolas – O humor de Mario Quintana** – Juarez Fonseca
539. **Longe daqui aqui mesmo** – Antonio Bivar
540(5). **É fácil matar** – Agatha Christie
541. **O pai Goriot** – Balzac
542. **Brasil, um país do futuro** – Stefan Zweig
543. **O processo** – Kafka
544. **O melhor do Hagar 4** – Dik Browne
545(6). **Por que não pediram a Evans?** – Agatha Christie
546. **Fanny Hill** – John Cleland
547. **O gato por dentro** – William S. Burroughs
548. **Sobre a brevidade da vida** – Sêneca
549. **Geraldão (1)** – Glauco
550. **Piratas do Tietê (2)** – Laerte
551. **Pagando o pato** – Ciça
552. **Garfield de bom humor (6)** – Jim Davis
553. **Conhece o Mário?** vol.1 – Santiago
554. **Radicci 6** – Iotti
555. **Os subterrâneos** – Jack Kerouac
556(1). **Balzac** – François Taillandier
557(2). **Modigliani** – Christian Parisot
558(3). **Kafka** – Gérard-Georges Lemaire
559(4). **Júlio César** – Joël Schmidt
560. **Receitas da família** – J. A. Pinheiro Machado
561. **Boas maneiras à mesa** – Celia Ribeiro
562(9). **Filhos sadios, pais felizes** – R. Pagnoncelli
563(10). **Fatos & mitos** – Dr. Fernando Lucchese
564. **Ménage à trois** – Paula Taitelbaum
565. **Mulheres!** – David Coimbra
566. **Poemas de Álvaro de Campos** – Fernando Pessoa
567. **Medo e outras histórias** – Stefan Zweig
568. **Snoopy e sua turma (1)** – Schulz

569. **Piadas para sempre (1)** – Visconde da Casa Verde
570. **O alvo móvel** – Ross Macdonald
571. **O melhor do Recruta Zero (2)** – Mort Walker
572. **Um sonho americano** – Norman Mailer
573. **Os broncos também amam** – Angeli
574. **Crônica de um amor louco** – Bukowski
575(5).**Freud** – René Major e Chantal Talagrand
576(6).**Picasso** – Gilles Plazy
577(7).**Gandhi** – Christine Jordis
578. **A tumba** – H. P. Lovecraft
579. **O príncipe e o mendigo** – Mark Twain
580. **Garfield, um charme de gato (7)** – Jim Davis
581. **Ilusões perdidas** – Balzac
582. **Esplendores e misérias das cortesãs** – Balzac
583. **Walter Ego** – Angeli
584. **Striptiras (1)** – Laerte
585. **Fagundes: um puxa-saco de mão cheia** – Laerte
586. **Depois do último trem** – Josué Guimarães
587. **Ricardo III** – Shakespeare
588. **Dona Anja** – Josué Guimarães
589. **24 horas na vida de uma mulher** – Stefan Zweig
590. **O terceiro homem** – Graham Greene
591. **Mulher no escuro** – Dashiell Hammett
592. **No que acredito** – Bertrand Russell
593. **Odisséia (1): Telemaquia** – Homero
594. **O cavalo cego** – Josué Guimarães
595. **Henrique V** – Shakespeare
596. **Fabulário geral do delírio cotidiano** – Bukowski
597. **Tiros na noite 1: A mulher do bandido** – Dashiell Hammett
598. **Snoopy em Feliz Dia dos Namorados! (2)** – Schulz
599. **Mas não se matam cavalos?** – Horace McCoy
600. **Crime e castigo** – Dostoiévski
601(7).**Mistério no Caribe** – Agatha Christie
602. **Odisséia (2): Regresso** – Homero
603. **Piadas para sempre (2)** – Visconde da Casa Verde
604. **À sombra do vulcão** – Malcolm Lowry
605(8).**Kerouac** – Yves Buin
606. **E agora são cinzas** – Angeli
607. **As mil e uma noites** – Paulo Caruso
608. **Um assassino entre nós** – Ruth Rendell
609. **Crack-up** – F. Scott Fitzgerald
610. **Do amor** – Stendhal
611. **Cartas do Yage** – William Burroughs e Allen Ginsberg
612. **Striptiras (2)** – Laerte
613. **Henry & June** – Anaïs Nin
614. **A piscina mortal** – Ross Macdonald
615. **Geraldão (2)** – Glauco
616. **Tempo de delicadeza** – A. R. de Sant'Anna
617. **Tiros na noite 2: Medo de tiro** – Dashiell Hammett
618. **Snoopy em Assim é a vida, Charlie Brown! (3)** – Schulz
619. **1954 – Um tiro no coração** – Hélio Silva
620. **Sobre a inspiração poética (Íon) e ...** – Platão
621. **Garfield e seus amigos (8)** – Jim Davis
622. **Odisséia (3): Ítaca** – Homero
623. **A louca matança** – Chester Himes
624. **Factótum** – Charles Bukowski
625. **Guerra e Paz: volume 1** – Tolstói
626. **Guerra e Paz: volume 2** – Tolstói
627. **Guerra e Paz: volume 3** – Tolstói
628. **Guerra e Paz: volume 4** – Tolstói
629(9).**Shakespeare** – Claude Mourthé
630. **Bem está o que bem acaba** – Shakespeare
631. **O contrato social** – Rousseau
632. **Geração Beat** – Jack Kerouac
633. **Snoopy: É Natal! (4)** – Charles Schulz
634(8).**Testemunha da acusação** – Agatha Christie
635. **Um elefante no caos** – Millôr Fernandes
636. **Guia de leitura (100 autores que você precisa ler)** – Organização de Léa Masina
637. **Pistoleiros também mandam flores** – David Coimbra
638. **O prazer das palavras** – vol. 1 – Cláudio Moreno
639. **O prazer das palavras** – vol. 2 – Cláudio Moreno
640. **Novíssimo testamento: com Deus e o diabo, a dupla da criação** – Iotti
641. **Literatura Brasileira: modos de usar** – Luís Augusto Fischer
642. **Dicionário de Porto-Alegrês** – Luís A. Fischer
643. **Clô Dias & Noites** – Sérgio Jockymann
644. **Memorial de Isla Negra** – Pablo Neruda
645. **Um homem extraordinário e outras histórias** – Tchékhov
646. **Ana sem terra** – Alcy Cheuiche
647. **Adultérios** – Woody Allen
648. **Para sempre ou nunca mais** – R. Chandler
649. **Nosso homem em Havana** – Graham Greene
650. **Dicionário Caldas Aulete de Bolso**
651. **Snoopy: Posso fazer uma pergunta, professora? (5)** – Charles Schulz
652(10).**Luís XVI** – Bernard Vincent
653. **O mercador de Veneza** – Shakespeare
654. **Cancioneiro** – Fernando Pessoa
655. **Non-Stop** – Martha Medeiros
656. **Carpinteiros, levantem bem alto a cumeeira & Seymour, uma apresentação** – J.D.Salinger
657. **Ensaios céticos** – Bertrand Russell
658. **O melhor de Hagar 5** – Dik Browne
659. **Primeiro amor** – Ivan Turguêniev
660. **A trégua** – Mario Benedetti
661. **Um parque de diversões da cabeça** – Lawrence Ferlinghetti
662. **Aprendendo a viver** – Sêneca
663. **Garfield, um gato em apuros (9)** – Jim Davis
664. **Dilbert 1** – Scott Adams
665. **Dicionário de dificuldades** – Domingos Paschoal Cegalla
666. **A imaginação** – Jean-Paul Sartre
667. **O ladrão e os cães** – Naguib Mahfuz
668. **Gramática do português contemporâneo** – Celso Cunha
669. **A volta do parafuso** *seguido de* **Daisy Miller** – Henry James
670. **Notas do subsolo** – Dostoiévski
671. **Abobrinhas da Brasilônia** – Glauco
672. **Geraldão (3)** – Glauco
673. **Piadas para sempre (3)** – Visconde da Casa Verde
674. **Duas viagens ao Brasil** – Hans Staden
675. **Bandeira de bolso** – Manuel Bandeira
676. **A arte da guerra** – Maquiavel
677. **Além do bem e do mal** – Nietzsche
678. **O coronel Chabert** *seguido de* **A mulher abandonada** – Balzac
679. **O sorriso de marfim** – Ross Macdonald
680. **100 receitas de pescados** – Sílvio Lancellotti
681. **O juiz e seu carrasco** – Friedrich Dürrenmatt
682. **Noites brancas** – Dostoiévski

- 783.**Quadras ao gosto popular** – Fernando Pessoa
- 784.**Romanceiro da Inconfidência** – Cecília Meireles
- 785.**Kaos** – Millôr Fernandes
- 786.**A pele de onagro** – Balzac
- 787.**As ligações perigosas** – Choderlos de Laclos
- 788.**Dicionário de matemática** – Luiz Fernandes Cardoso
- 789.**Os Lusíadas** – Luís Vaz de Camões
- 790(11).**Átila** – Éric Deschodt
- 791.**Um jeito tranqüilo de matar** – Chester Himes
- 792.**A felicidade conjugal** *seguido de* **O diabo** – Tolstói
- 793.**Viagem de um naturalista ao redor do mundo** – vol. 1 – Charles Darwin
- 794.**Viagem de um naturalista ao redor do mundo** – vol. 2 – Charles Darwin
- 795.**Memórias da casa dos mortos** – Dostoiévski
- 796.**A Celestina** – Fernando de Rojas
- 797.**Snoopy: Como você é azarado, Charlie Brown! (6)** – Charles Schulz
- 798.**Dez (quase) amores** – Claudia Tajes
- 799(9).**Poirot sempre espera** – Agatha Christie
- 800.**Cecília de bolso** – Cecília Meireles
- 801.**Apologia de Sócrates** *precedido de* **Êutifron** *e seguido de* **Críton** – Platão
- 802.**Wood & Stock** – Angeli
- 803.**Striptiras (3)** – Laerte
- 804.**Discurso sobre a origem e os fundamentos da desigualdade entre os homens** – Rousseau
- 805.**Os duelistas** – Joseph Conrad
- 806.**Dilbert (2)** – Scott Adams
- 807.**Viver e escrever** (vol. 1) – Edla van Steen
- 808.**Viver e escrever** (vol. 2) – Edla van Steen
- 809.**Viver e escrever** (vol. 3) – Edla van Steen
- 810(10).**A teia da aranha** – Agatha Christie
- 811.**O banquete** – Platão
- 812.**Os belos e malditos** – F. Scott Fitzgerald
- 813.**Libelo contra a arte moderna** – Salvador Dalí
- 814.**Akropolis** – Valerio Massimo Manfredi
- 815.**Devoradores de mortos** – Michael Crichton
- 816.**Sob o sol da Toscana** – Frances Mayes
- 817.**Batom na cueca** – Nani
- 818.**Vida dura** – Claudia Tajes
- 819.**Carne trêmula** – Ruth Rendell
- 820.**Cris, a fera** – David Coimbra
- 821.**O anticristo** – Nietzsche
- 822.**Como um romance** – Daniel Pennac
- 823.**Emboscada no Forte Bragg** – Tom Wolfe
- 824.**Assédio sexual** – Michael Crichton
- 825.**O espírito do Zen** – Alan W.Watts
- 826.**Um bonde chamado desejo** – Tennessee Williams
- 827.**Como gostais** – Shakespeare
- 828.**Tratado sobre a tolerância** – Voltaire
- 829.**Snoopy: Doces ou travessuras? (7)** – Charles Schulz
- 830.**Cardápios do Anonymus Gourmet** – J.A. Pinheiro Machado
- 831.**100 receitas com lata** – J.A. Pinheiro Machado
- 832.**Conhece o Mário?** vol.2 – Santiago
- 833.**Dilbert (3)** – Scott Adams
- 834.**História de um louco amor** *seguido de* **Passado amor** – Horacio Quiroga
- 835(11).**Sexo: muito prazer** – Laura Meyer da Silva
- 836(12).**Para entender o adolescente** – Dr. Ronald Pagnoncelli
- 737(13).**Desembarcando a tristeza** – Dr. Fernando Lucchese
- 739.**A última legião** – Valerio Massimo Manfredi
- 740.**As virgens suicidas** – Jeffrey Eugenides
- 741.**Sol nascente** – Michael Crichton
- 742.**Duzentos ladrões** – Dalton Trevisan
- 743.**Os devaneios do caminhante solitário** – Rousseau
- 744.**Garfield, o rei da preguiça (10)** – Jim Davis
- 745.**Os magnatas** – Charles R. Morris
- 746.**Pulp** – Charles Bukowski
- 747.**Enquanto agonizo** – William Faulkner
- 748.**Aline: viciada em sexo (3)** – Adão Iturrusgarai
- 749.**A dama do cachorrinho** – Anton Tchékhov
- 750.**Tito Andrônico** – Shakespeare
- 751.**Antologia poética** – Anna Akhmátova
- 752.**O melhor de Hagar 6** – Dik e Chris Browne
- 753(12).**Michelangelo** – Nadine Sautel
- 754.**Dilbert (4)** – Scott Adams
- 755.**O jardim das cerejeiras** *seguido de* **Tio Vânia** – Tchékhov
- 756.**Geração Beat** – Claudio Willer
- 757.**Santos Dumont** – Alcy Cheuiche
- 758.**Budismo** – Claude B. Levenson
- 759.**Cleópatra** – Christian-Georges Schwentzel
- 760.**Revolução Francesa** – Frédéric Bluche, Stéphane Rials e Jean Tulard
- 761.**A crise de 1929** – Bernard Gazier
- 762.**Sigmund Freud** – Edson Sousa e Paulo Endo
- 763.**Império Romano** – Patrick Le Roux
- 764.**Cruzadas** – Cécile Morrisson
- 765.**O mistério do Trem Azul** – Agatha Christie
- 766.**Os escrúpulos de Maigret** – Simenon
- 767.**Maigret se diverte** – Simenon
- 768.**Senso comum** – Thomas Paine
- 769.**O parque dos dinossauros** – Michael Crichton
- 770.**Trilogia da paixão** – Goethe
- 771.**A simples arte de matar** (vol.1) – R. Chandler
- 772.**A simples arte de matar** (vol.2) – R. Chandler
- 773.**Snoopy: No mundo da lua! (8)** – Charles Schulz
- 774.**Os Quatro Grandes** – Agatha Christie
- 775.**Um brinde de cianureto** – Agatha Christie
- 776.**Súplicas atendidas** – Truman Capote
- 777.**Ainda restam aveleiras** – Simenon
- 778.**Maigret e o ladrão preguiçoso** – Simenon
- 779.**A viúva imortal** – Millôr Fernandes
- 780.**Cabala** – Roland Goetschel
- 781.**Capitalismo** – Claude Jessua
- 782.**Mitologia grega** – Pierre Grimal
- 783.**Economia: 100 palavras-chave** – Jean-Paul Betbèze
- 784.**Marxismo** – Henri Lefebvre
- 785.**Punição para a inocência** – Agatha Christie
- 786.**A extravagância do morto** – Agatha Christie
- 787(13).**Cézanne** – Bernard Fauconnier
- 788.**A identidade Bourne** – Robert Ludlum
- 789.**Da tranquilidade da alma** – Sêneca
- 790.**Um artista da fome e outras histórias** – Kafka
- 791.**Histórias de Fantasmas** – Charles Dickens
- 792.**A louca de Maigret** – Simenon
- 793.**O amigo de infância de Maigret** – Simenon
- 794.**O revólver de Maigret** – Simenon
- 795.**A fuga do sr. Monde** – Simenon
- 796.**O Uraguai** – Basílo da Gama
- 797.**A mão misteriosa** – Agatha Christie
- 798.**A testemunha ocular do crime** – Agatha Christie

IMPRESSÃO:

GRÁFICA EDITORA
Pallotti
IMAGEM DE QUALIDADE

Santa Maria - RS - Fone/Fax: (55) 3220.4500
www.pallotti.com.br